AI, 데이터, 경쟁법

AI문고

인공지능 시대입니다. 기계가 인간의 인지를 대신하고, 사물이 인간을 통하지 않고 다른 사물과 직접 커뮤니케이션합니다. 이에 따른 인간 삶과 문명 변화를 정확히 이해·예측·대응하는 것은 이 시대 우리 모두의 과제입니다. AI문고는 인공지능 기술과 환경의 여러 주제를 10가지 키워드로 정리합니다. 관련 개념과 이론, 학계와 산업계의 쟁점, 우리 일상의 변화를 다룹니다. 인간과 기술의 현재, 미래를 세심히 분석합니다.

일러두기

- 인명, 작품명, 저서명, 개념어 등은 한글과 함께 괄호 안에 해당 국가의 원어를 병기했습니다.
- 외래어 표기는 현행 어문규정의 외래어표기법을 따랐습니다.
- 이 책은 인하대학교의 지원을 받아 수행된 연구입니다.

처음이세요?

전문가세요?

AI, 데이터, 경쟁법

손영화

대한민국, 서울, 커뮤니케이션북스, 2025

AI, 데이터, 경쟁법

지은이 손영화
펴낸이 박영률

초판 1쇄 펴낸날 2025년 9월 22일

커뮤니케이션북스(주)
출판 등록 2007년 8월 17일 제313-2007-000166호
02880 서울시 성북구 성북로 5-11
전화(02) 7474 001, 팩스(02) 736 5047
commbooks@commbooks.com
www.commbooks.com

ISBN 979-11-430-0879-4 03500

책값은 뒤표지에 표시되어 있습니다.

차례

AI, 데이터, 경쟁법

AI, 데이터, 그리고 경쟁 질서의 미래를 묻다

인공지능(AI, Artificial Intelligence)과 데이터는 더 이상 단순한 기술적 부속물이 아니라, 21세기 디지털 경제의 핵심 동력(core driver)이자 경쟁 우위의 결정적 자원으로 자리매김하고 있다. AI는 개별 기업의 업무 효율화 수준을 넘어 산업 가치사슬의 재편을 촉발하는 혁신의 촉매이며, 데이터는 이 AI를 움직이는 연료이자 구조적 자본으로서 학습(training)과 추론(inference) 알고리즘의 성능-정확도, 견고성, 분산 가능성-을 결정짓는 핵심 요인이다.

오늘날 데이터는 기업에게 단순한 자산(asset)을 넘어 제품 · 서비스 설계, 가격 책정, 수요 예측, 리스크 관리 전반을 견인하는 동적 자원으로 기능한다. 데이터는 기업에게 규모의 경제(economies of scale)와 범위의 경제(economies of scope), 그리고 네트워크 효과(network effects)를 통해 시장 지배력을 공고히 하는 원천이 된다. 흔히 데이터를 '21세기 원유'라고 부르는 이유가 여기에 있다. 원유가 정제되어 다양한 산업용 재화로 전환되듯, 데이터 역시 정제 · 주석화 · 모델링을 거치며 지식과 의사결정이라는 고부가가치로 변환된다.

그러나 데이터와 인공지능이 결합하여 구축하는 새로운 경제 질서는 확장된 기회를 제공하는 동시에, 심각한 법적 · 윤리적 딜레마를 수반한다. 데이터의 수집, 축적, 활용 방식에 따라 정보의 비대칭이 심화되고, 알고리즘 편향과 개인정보 침해, 감시 자본주의적 행태, 자사 우대(self-preferencing), 데이터 포획(data capture), 잠금 효과(lock-in)가 복합적으로 출현할 수 있다. 특히 훈련 데이터의 품질과 대표성, 데이터 거버넌스의 투명성, 모델 설명 가능성(XAI)이 확보되지 않으면, 결과는 효율성 향상이 아니라 체계적 차별과 시장 왜곡으로 귀결될 수 있다. 전통적 경쟁법이나 반독점 이론은 주로 가격 · 물량 중심의 지표와 동태성 낮은 시장 정의에 의존해 왔기 때문에 비가격 경쟁, 데이터 접근성, API · 클라우드 인프라 의존 같은 디지털 특유의 경쟁 변수와 플랫폼 간 얽힘(conglomerate entanglement)을 온전히 포착하기 어렵다. 따라서 데이터 중심 경쟁 정책과 AI 특화 규범을 결합한 새로운 분석 틀이 요청된다.

구글(Google), 아마존(Amazon), 메타(Meta), 마이크

로소프트(Microsoft), 엔비디아(NVIDIA) 등 세계적인 초국적 기술 기업들은 AI 생태계의 핵심 기술 · 데이터 · 연산 인프라를 장악하며 시장의 중심에 서 있다. 이들 기업은 자사 플랫폼을 통해 방대한 이용자 데이터를 독점적으로 수집하고, 이를 바탕으로 AI 모델 개발에 활용하면서 경쟁자를 배제하는 폐쇄적 생태계(closed ecosystem)를 강화하고 있다. 그 결과, 신규 사업자에게는 데이터 접근 장벽과 높은 고정 비용이 진입을 막고, 소비자는 선택권의 제약과 서비스 종속이라는 결과에 직면한다. 이는 단순한 기업 경쟁력의 문제가 아니라 민주주의적 가치와도 충돌할 수 있는 '디지털 권력 집중'의 현상으로 확장된다.

책의 구성

이 책은 인공지능과 데이터가 주도하는 새로운 시장 질서 하에서 공정 경쟁을 어떻게 설계하고 유지할 수 있을지를 성찰하는 데 목적이 있다. 기술 혁신을 위축시키지 않으면서도 혁신의 성과가 특정 기업의 독점적 지위로 귀결되는 것을 방지하기 위한 정교한 규범 설계가 그 어느 때보다 절실하다. 우리는 지금 기술 발전과 공정 경쟁이라는 두 가치를 양립 가능한 규범 체계로 구현해 나가야 하는 전환기의 한가운데 서 있는 것이다.

이 책은 총 10장으로 구성되어 있으며, 각 장은 AI · 데이터 · 경쟁법의 교차 지점에서 제기되는 핵심 쟁점을 심층적으로 다룬다.

1장 'AI와 데이터 경제의 구조'에서는 데이터가 가치 창출과 경쟁 우위의 원천으로 작동하는 메커니즘을 분석한다.

2장 '데이터 독점과 경쟁 제한 문제'에서는 데이터 집중이 시장 진입 장벽과 독점적 구조를 어떻게 강화하는지 설명하고, 경쟁법적 쟁점을 검토한다.

3장 'AI 알고리즘과 반경쟁적 행위'에서는 가격 담합, 차별적 알고리즘, 자사 우대 등 보이지 않는 반경쟁적 문제를 분석한다.

4장 '플랫폼 기업과 데이터 규제'에서는 플랫폼의 데이터 지배력과 그에 대한 국제적 규제 동향을 다룬다.

5장 '개인정보 보호와 데이터 이동성'에서는 개인정보권과 데이터 활용권 사이의 긴장 관계를 살펴보고, EU · 미국 · 한국 제도의 차이를 비교한다.

6장 '글로벌 경쟁법'에서는 미국 · EU · 중국 · 일본의 경쟁법적 대응을 비교하며, 국제적 조화 가능성을 분석한다.

7장 'AI 규제'에서는 AI 규제의 원칙과 기준, 위험 기반 접근, 투명성과 설명 가능성의 문제를 중심으로 규제 철학을 정리해 본다.

8장 'AI 시장에서의 공정 경쟁 촉진 방안'에서는 공정 경쟁을 촉진하기 위한 제도적 대안을 제시하며, 데이터 공유 인프라, 알고리즘 감사 제도, 새로운 규제적 아키텍처 설계 등의 방안을 소개하고자 한다.

9장 'AI 발전과 경쟁법의 미래'에서는 AI 기술 발전이 경쟁법 해석 · 집행에 미칠 영향을 전망하고자 한다.

10장 'AI, 데이터, 경쟁법의 조화로운 발전'에서는 기술 혁신과 경쟁 질서의 조화를 위한 법과 정책의 방향성과 철학을 제안해 본다.

이 책은 법률 전문가를 위한 전공서에 그치지 않는다. AI와 데이터 경제에 관심 있는 일반 독자, 기술 기업 종사자, 정책 입안자 모두에게 의미 있는 통찰을 제공하고자 한다. 기술과 시장, 법과 윤리가 교차하는 이 복합적 현실 속에서 우리가 마주한 선택지를 함께 모색하고자 한다.

기술의 미래는 곧 시장의 미래와 맞닿아 있으며, 시장의 미래는 법과 제도의 설계에 달려 있다. 독자들은 이

책을 통해 AI와 데이터 시대의 공정한 질서란 무엇이며, 그 실현을 위해 어떠한 방향으로 나아가야 하는가라는 근본적 질문에 대해 함께 고민할 수 있을 것이다.

참고문헌

손영화(2016). "인공지능(AI) 시대의 법적 과제". 《법과정책연구》, 16(4), 305~329쪽.

손영화(2020). "디지털 이코노미 시대의 경쟁정책의 과제 - 디지털 플랫폼을 중심으로". 《경제법연구》, 19(2), 169~196쪽.

손영화(2024). "데이터의 집중과 경쟁법". 《일감법학》, 59, 181~222쪽.

01
AI와 데이터 경제의 구조

AI와 데이터는 디지털 전환 시대의 핵심 인프라이자 생산 요소로서 새로운 경제 질서를 형성하고 있다. 특히 생성형 AI의 등장 이후, 데이터는 단순한 자산이 아닌 AI 기술의 성능과 범용성을 결정짓는 전략적 자원으로 기능한다. 본 장에서는 AI와 데이터의 관계, 데이터 기반 경제의 구조적 특성, 그리고 시장 메커니즘의 변화 양상을 중심으로 AI 데이터 경제의 기초 구조를 정리한다.

기후 위기와 인공지능?

AI의 작동 원리와 데이터의 역할

AI 시스템은 데이터 기반 학습을 통해 패턴을 인식하고 예측을 수행한다. 이 과정은 인간의 지능적 판단을 대체하거나 보완하는 방식으로 작동하며, 기계학습(Machine Learning), 딥러닝(Deep Learning), 자연어 처리(NLP, Natural Language Processing), 컴퓨터 비전(Computer Vision) 등 다양한 기술을 포괄한다.

이때 데이터는 AI 모델의 학습과 검증을 위한 필수 자원이자 성능을 좌우하는 핵심 요인이다. 특히 비정형 데이터(텍스트, 음성, 이미지 등)의 대량 수집과 정제, 라벨링(labeling), 처리 능력은 AI의 실용성과 범용성에 직접적으로 연결된다. 즉, 데이터는 AI의 연료일 뿐 아니라 기술 우위 확보의 전략적 자산이 된다.

데이터의 가치는 축적량 자체보다 '연결성', '다양성', '최신성', '정확성'에 따라 결정되며, 이를 확보한 주체가 시장에서 지배적 지위를 확보할 가능성이 높아진다. 이로 인해 AI 기업들은 데이터 수집과 폐쇄형 플랫폼 생태계 구축에 집중하며 경쟁 우위를 확보하고 있다.

데이터 중심 경제의 구조적 특성

AI와 데이터 경제의 구조는 전통적인 상품 경제와는 본질적으로 다른 새로운 시장 논리를 형성한다. 이 구조는 기술 발전의 방향성뿐 아니라 경쟁법적 대응, 정책 설계, 기업 전략에까지 중대한 영향을 미친다. 다음은 AI 기반 데이터 경제가 지닌 대표적인 구조적 특성들이다.

규모의 경제와 네트워크 효과의 동시 작동

AI 및 데이터 기반 경제에서는 규모의 경제와 네트워크 효과가 동시에 그리고 상호 강화적으로 작동한다는 점에서 기존 시장보다 훨씬 강력한 집중 구조를 형성한다.

먼저 규모의 경제란 데이터의 양이 많을수록 AI 모델의 학습 성능이 비약적으로 향상된다는 점에서 나타난다. 예를 들어 언어 모델(GPT, BERT 등)은 훈련에 사용된 데이터의 양과 범위가 넓을수록 문맥 이해력과 창의적 출력 능력이 향상된다. 이는 데이터를 많이 보유한 기업이 AI의 품질 측면에서도 경쟁 우위를 확보할 수 있다는 것을 의미한다.

여기에 네트워크 효과가 결합된다. 사용자 수가 증가할수록 더 많은 데이터가 생성되고, 이는 다시 AI 성능 개선으로 이어지며, 더 나은 서비스가 더 많은 사용자를 유치하는 선순환 구조를 형성한다. 이러한 효과는 특정 기업에 대한 수요를 더욱 집중시키며, 시장 지배력의 자기 강화를 초래한다.

대표적인 예로 구글은 수십억 명의 사용자가 검색하고 클릭한 데이터를 기반으로 검색 알고리즘을 개선하며, 다시 더 정밀한 결과를 제공하여 사용자의 재방문을 유도한다. 이는 경쟁자가 단기간에 따라잡기 매우 어려운 '데이터 기반 진입 장벽'을 형성한다.

비용 구조의 비대칭성과 불균형한 경쟁 환경

데이터 경제는 비용 구조(cost structure)에서도 전통 산업과 전혀 다른 특성을 보인다. AI 기술 개발에는 초기 단계에서 대규모의 고정 비용이 요구된다. 이는 고성능 연산 장비(GPU · TPU), 대용량 저장 공간, 클라우드 인프라, 숙련된 인력 확보, 라벨링 작업 등에 대한 투자로 구성된다.

일단 AI 모델이 학습을 완료하면, 그 이후의 한계 비용은 거의 제로에 수렴한다. 즉, 동일한 AI 시스템을 수천만 명의 사용자에게 동시에 제공해도 추가적인 비용이 거의 발생하지 않는다. 이는 디지털 상품의 특성인 '무한 복제 가능성(non-rivalry)'을 극단적으로 반영한 구조다.

이처럼 초기 진입 비용은 높지만 운영 단계에서는 압도적인 효율성을 보이는 구조는 자연 독점(natural monopoly)과 유사한 형태로 이어질 수 있다. 기존 기업은 초기 투자를 회수하면서도 규모에 따라 수익을 빠르게 증대시킬 수 있지만, 신규 진입자는 고정 비용 부담을 견디기 어려워 시장에 진입조차 하지 못하게 된다. 이는 AI 분야에서 몇몇 선도 기업 중심의 집중화와 폐쇄적 경쟁 구조를 심화시키는 원인이 된다.

데이터 집중과 폐쇄형 생태계의 강화

데이터 경제의 또 다른 특징은 데이터 집중과 폐쇄형 플랫폼 생태계의 강화다. 빅테크(Big Tech) 기업들은 자사 플랫폼 내에서 사용자 데이터를 수집하고 이를 외부에 공개하지 않음으로써 데이터 독점을 유지한다. 예컨대, 애플은 iOS 생태계 내에서 생성된 사용자 행동 데이터와 앱 사용 이력을 외부 앱 개발자나 경쟁 플랫폼에는 거의 제공하지 않는다.

이러한 데이터 폐쇄는 단순히 자산의 보존 차원을 넘어서, 경쟁자 배제의 수단으로 작용한다. 예를 들어, 디지털 광고 시장에서 메타는 페이스북(Facebook), 인스타그램(Instagram) 등 플랫폼 이용 중 생성된 정교한 타기팅 정보를 바탕으로 광고 효율성을 높이며, 신규 광고 플랫폼의 진입을 어렵게 만든다.

이와 같은 흐름은 '데이터를 가진 자가 시장을 지배한다'는 명제를 현실로 만드는 구조이며, 이를 일부 학자는 '디지털 제국주의(digital imperialism)' 또는 '데이터 봉건제(data feudalism)'로 부르기도 한다. 이는 단순히 시장 내 우열의 문제가 아니라 정보 권력의 편중이라는 민주주의적 가치와도 충돌할 수 있는 문제로 확대되고 있다.

비가시적 자산으로서의 데이터의 불확실성

데이터는 무형 자산이면서도 전통적인 회계 기준이나 재산권 체계에 쉽게 포섭되지 않는 특수한 성격을 지닌다. 이는 데이터 경제의 구조적 불안정성과 정책적 과제를 동시에 내포한다.

회계적으로 보면 대부분의 국가에서는 데이터가 기업 자산으로서 정확히 평가되거나 대차 대조표에 반영되지 않는다. 반면, 실제 시장에서 데이터는 기업 가치와 경쟁력의 핵심이며, 특히 스타트업 투자 시장에서는 '보유 데이터의 양과 질'이 기업의 평가 기준으로 작용한다. 이처럼 회계적 비가시성과 시장 가치의 괴리는 기업 운영과 규제의 불일치를 야기한다.

법적으로도 데이터는 명확한 소유권이 성립하지 않는

다. 대부분 계약이나 약관을 통해 사용권 사용·양도·제한이 정해지는 방식이며, 이는 분쟁 시 해석상 불확실성을 동반한다. 또한 데이터를 수집한 주체와 제공한 개인, 가공한 제3자 사이에 책임 분담이나 권리 귀속 문제가 발생했을 때 이를 해결할 법적 근거가 명확하지 않다.

더불어 AI가 생성한 결과물에 대해 원본 데이터의 오류 또는 편향에 기인한 손해가 발생했을 경우 데이터 제공자와 AI 개발자, 사용자 사이의 책임 분배를 어떻게 할 것인가 역시 미비한 영역이다. 이는 향후 AI 책임법(AI liability regulation) 또는 데이터거래법(Data Transaction Law) 제정을 통해 풀어야 할 중요한 과제로 남아 있다.

이와 같이 AI 기반 데이터 경제는 단지 '기술'이나 '산업' 차원을 넘어서, 경제 구조, 법적 체계, 공정 경쟁 원칙의 전면적인 재검토를 요구하고 있다. 이를 이해하고 대응하지 않으면 기술 발전이 특정 기업의 독점화로 귀결되어 시장의 역동성과 소비자의 권익이 모두 침해될 위험이 높다. 따라서 데이터 경제의 구조적 특성을 정확히 파악하는 것은 AI 시대의 공정한 질서 설계와 정책 수립의 출발점이라 할 수 있다.

데이터 기반 경쟁의 변화와 정책적 시사점

데이터 경제의 구조는 경쟁 환경 자체를 변화시키고 있다. 전통적으로는 가격, 품질, 생산성 등을 중심으로 경쟁이 이뤄졌다면 AI 시대에는 데이터 접근성과 처리 능력, 알고리즘 성능이 경쟁의 핵심이 된다. 이로 인해 '보이지 않는 독점'과 '알고리즘 담합'과 같은 새로운 경쟁 제한 유형이 등장하고 있다.

정책적으로는 다음과 같은 것을 생각할 수 있다.

첫째, 데이터 공유 및 상호 운용성을 강화하여 데이터 접근 기회의 공정성을 확보할 필요가 있다. 현재 주요 AI 플랫폼 기업들은 자체 플랫폼 내에서 생성되는 데이터를 폐쇄적으로 축적하고 외부에 대한 접근을 제한하거나 유료화하는 방식으로 경쟁자에 대한 진입 장벽을 높이고 있다. 이러한 구조는 AI 개발 역량이 있는 중소기업, 스타트업, 공공 연구 기관이 양질의 학습 데이터를 확보하는 데 큰 제약으로 작용한다. 이에 따라 정책적으로는 API(Application Programming Interface) 개방, 데이터 상호 운용 표준화, 데이터 이동성 규제 강화 등을 통하여 시장 내 다양한 주체들이 데이터 자원에 접근할 수 있도록 유도해야 한다. 유럽 연합(EU, European Union)의 데이터법(Data Act)은 공공 · 민간 데이터 간 공유 의무와 데이터 보유자의 기술적 · 계약적 장벽을 제한하는 방향으로 입법적 개입을 시도하고 있으며, 이는 한국에도 중요한 선례가 될 수 있다.

둘째, 공공 데이터 인프라의 구축 및 개방을 확대하고, 중소기업 및 연구 기관이 AI 기술을 효과적으로 활용할 수 있도록 실질적인 정책 지원이 요구된다. 고품질의 공공 데이터를 통합 · 관리 · 분배하는 '데이터 댐'이나 '국가 AI 데이터 센터'와 같은 기반 시설은 민간에서 감당하기 어려운 비용과 조정 문제를 해소하는 데 유효한 수단이다. 이는 데이터 중심 AI 사회로의 전환을 위한 마중물 역할을 담당하고 있다(임헌정, 2024.11.15). AI 모델을 훈련시킬 수 있는 컴퓨팅 자원이나 데이터 가공 툴에 대한 지원 없이 '개방'만을 강조하는 정책은 실효성이 낮다. 따라서 고성능 GPU 클러스터 제공, 클라우드 기반 AI 개발 플랫폼 운영, 데이터 라벨링 인력 양성 등 통합적 정책 패키지가 병행되어야 한다. 일본은 AI 전략에 따라 '공공 기관의 데이터 민간 개방 로드맵'을 수립했고, 독일은 GAIA-X와 같은 유럽식 분산형 데이터 인프라로 민간 AI 활용을 적극적으로 지원하고 있다.

셋째, 데이터의 소유권, 이용 권한, 그리고 책임 분담에 관한 법제도적 정비가 병행되어야 한다. 현재 우리나라를 포함한 다수 국가에서는 데이터에 대한 실체법상 소유권 개념이 명확히 정립되어 있지 않다. 데이터 거래 및 활용에 있어서 계약자간 이해 충돌, 무단 전용, 데이터 유출 등 다양한 법적 위험성이 존재한다. 특히 개인이 생성한 정보가 기업의 학습 데이터로 사용될 때 그 통제권과 대가 문제는 아직 해결되지 않은 과제로 남아 있다. 또한 AI가 생성한 결과물의 책임 주체와 데이터 오류로 인한 피해 발생 시 책임귀속 기준도 명확하지 않다. 이를 해결하기 위해서는 데이터 소유 및 활용의 권리 구도, 계약서 표준화, 비식별화 데이터의 활용 가이드라인, 그리고 알고리즘 투명성과 감사를 보장하는 기술·제도적 장치가 함께 마련되어야 한다. 유럽의 GDPR(General Data Protection Regulation), 우리나라와 일본의 개인정보보호법, 미국 캘리포니아주의 CCPA(California Consumer Privacy Act) 등은 이러한 문제의식에 따라 일정 부분 데이터 통제권을 사용자에게 환원하는 방향으로 입법적 진전을 보이고 있다.

결국 AI와 데이터 경제의 구조는 단순한 기술적 문제를 넘어서, 미래 사회의 경제적 정의, 디지털 포용, 그리고 공공성을 실현하기 위한 핵심적인 사회적 설계 과제다. 기술 발전의 이익이 소수 기업에 집중되지 않고 사회

전체로 확산되기 위해서는 데이터의 공정한 배분과 책임 있는 활용에 대한 제도적 기반이 필수적이다. AI 기술의 민주화를 이루기 위한 첫걸음은 바로 데이터 자원의 민주화에서부터 시작되어야 한다.

참고문헌

방동희(2018). "데이터 경제 활성화를 위한 데이터 법제의 필요성과 그 정립방향에 관한 소고". 《법학연구》, 59(1), 77~104쪽.

손영화(2023). "생성형 AI에 의한 창작물과 저작권". 《법과 정책연구》, 23(3), 357~389쪽.

손영화(2024). "데이터의 집중과 경쟁법". 《일감법학》, 59, 181~222쪽.

임헌정(2024.11.15). "데이터 댐에서 데이터 스페이스로". 《서울파이낸스》, https://www.seoulfn.com/news/articleView.html?idxno=538726

EU(2023). "Regulation (EU) 2023/2854 of the European Parliament and of the Council of 13 December 2023 on harmonised rules on fair access to and use of data and amending Regulation (EU) 2017/2394 and Directive (EU) 2020/1828 (Data Act)". https://eur-lex.europa.eu/eli/reg/2023/2854/oj

Miller, K. & Voas, J.(2025). Data Feudalism and e-Personhood—Are We Becoming Digital Serfs?. *Computer*. *58*(3), pp.12~15.

02
데이터 독점과 경쟁 제한 문제

데이터는 인공지능 경제의 핵심 자산으로 작동하면서도, 동시에 시장 지배력의 수단으로 기능한다. 특히 AI 기술이 특정 기업에 의해 선점될 경우, 데이터는 경쟁을 촉진하기보다는 제한하는 요소로 전환된다. 본 장에서는 데이터 독점 현상의 구조적 원인과 경쟁 제한적 효과를 분석하고, 이에 대응하기 위한 법 정책적 접근을 모색한다.

노래하는 AI 보컬?

데이터 독점의 발생 구조

디지털 플랫폼 기업은 서비스 제공 과정에서 자연스럽게 생성되는 방대한 사용자 데이터를 지속적이고 구조적으로 수집하며, 이를 독점적으로 보유함으로써 경쟁 우위를 강화하는 전략을 취한다. 이때 수집되는 데이터는 단순한 가입자 정보나 거래 이력에 그치지 않고, 검색어, 클릭 흐름, 구매 패턴, 결제 수단, 이동 경로, 반응 시간, 심지어 마우스 커서의 움직임에 이르기까지 광범위하다. 이러한 비정형 데이터는 사용자와 플랫폼 간 상호작용을 통해 끊임없이 생성되며, 플랫폼 기업은 이를 정제하고 분석하여 맞춤형 추천, 타깃 광고, 알고리즘 최적화, 사용자 유지 전략 등에 활용한다.

예컨대 넷플릭스(Netflix)는 사용자의 시청 이력과 탐색 행동을 바탕으로 콘텐츠 추천 알고리즘을 정교화하고 있으며, 아마존은 고객의 구매 전 클릭 흐름과 장바구니 이탈 시점 등의 데이터를 분석해 제품 노출 순서를 조정하고 있다. 이처럼 데이터는 곧 경쟁력이며, 시장 반응을 예측하고 행동을 유도하는 핵심 수단으로 자리 잡고 있다.

플랫폼 기업은 데이터의 '자기 강화' 메커니즘, 즉 피드백 루프(feedback loop)를 통해 구조적으로 데이터 기반 독점을 구축한다. 사용자가 많을수록 생성되는 데이터의 양과 질이 향상되고, 이는 다시 AI 서비스 품질의 개선으로 이어지며 더 많은 사용자를 끌어들이는 선순환 구조를 만든다. 이 메커니즘은 장기적으로 지배력을 획득하고 유지하는 구조적 수단이라는 점에서 전통적인 상품 시장과 본질적으로 다르다.

특히 이러한 경향은 최근 생성형 인공지능(Generative AI) 기술의 발전과 함께 더욱 가속화되고 있다. 대규모 언어 모델(LLM, Large Language Models)이나 멀티 모달 AI는 대규모 고품질 데이터에 기반하여 훈련되기 때문에 해당 데이터를 얼마나 확보하고 있는지가 AI 경쟁력의 결정적 요인이 된다. 이러한 조건하에서 오픈 AI(OpenAI), 구글, 메타 등은 수년간 자사 플랫폼(예: 유튜브, 구글 검색, 인스타그램 등)을 통해 축적한 텍스트 · 음성 · 이미지 · 영상 데이터를 이용해 AI 모델을 학습시켰고, 이를 통해 세계적으로 가장 진보된 생성형 AI 모델을 선보이고 있다.

반면, 이들과 직접 경쟁하려는 외부 기업이나 후발 주자는 유사한 규모와 질의 데이터를 확보하기가 어렵고, 공개된 데이터만으로는 상업적 활용 수준의 AI를 개발하는 데 한계가 있다. 더욱이 최근 주요 기업들이 웹 크롤링(crawling) 방지 조치나 이용 약관을 통해 외부 학습용 수집을 제한하고 있어 데이터 접근 자체가 봉쇄되는 상황도 빈번하다.

이러한 환경은 단순히 시장 점유율의 문제가 아니라 AI 기술의 진입 가능성 자체를 구조적으로 제한하는 결과를 초래한다. 데이터는 기술 진보의 전제 조건으로 작용하고 있다. 특정 기업이 데이터 접근권과 처리 역량을 동시에 통제하는 경우 사실상의 기술 독점으로 이어질 수 있다는 점에서 공정한 시장 구조에 대한 우려가 증폭되고 있다.

경쟁 제한 효과와 진입 장벽

데이터 독점은 단순한 양적 우위에 그치지 않고, 실질적인 시장 진입 저해 요소로 작동한다. 이는 AI 생태계에서 가장 중요한 자원 중 하나인 고품질 데이터에 대한 비대칭적 접근 구조를 고착시키며, 후발 주자의 시장 진입 가능성을 현저히 낮춘다.

우선, 알고리즘 개발 능력이나 고급 인력, 클라우드 인프라 등 기술적 역량이 충분한 기업조차도 훈련에 적합한 대규모 데이터 세트를 확보하지 못하면 AI 모델의 성능을 확보할 수 없다. 특히 자연어 처리나 이미지 생성, 음성 인식 등 분야에서는 '표현의 다양성'과 '맥락적 풍부함'을 포함한 고차원적 데이터를 반복 학습하는 것이 필수적이다. 이에 따라 선도 기업이 보유한 독점적 데이터는 단지 양적인 차원을 넘어 질적 차별성까지 동반하게 된다.

또한 데이터 접근성 격차는 알고리즘의 학습 과정에서 발생하는 성능 격차로 이어진다. 추천 시스템, 검색 엔진, 자동 번역기, 고객 맞춤형 서비스 등은 모두 실시간 사용자 피드백 루프를 통해 지속적으로 개선되는 구조를 가지고 있다. 이러한 피드백은 단순한 데이터 입력이 아니라 사용자의 반응, 이탈률, 클릭률 등 행동 데이터를 포함하며, 이는 알고리즘 성능을 재조정하는 핵심 자료가 된다.

결국 선도 기업은 정확도, 속도, 사용자 만족도 측면에서 지속적으로 우위를 유지하며, 이는 플랫폼 이용자들의 선택을 다시 유도하여 시장 점유율의 지속적 편중으로 귀결된다. 신규 진입자는 단기적으로 이 성능 격차를 줄이기 어렵고, 결과적으로는 AI 기반 시장에서 실질적인 경쟁이 이뤄지지 않는 상태, 즉 '경쟁이 가능하지만 이미 특정 사업자가 지배하고 있는 시장(contestable but captured market)'이 형성된다.

더 나아가 데이터 독점 기업은 이를 기반으로 폐쇄형 생태계를 강화하여 자사 데이터의 외부 공유를 제한하거나, 아예 생태계 내에서만 활용 가능하게 만든다. 이는 단순히 데이터를 보유하는 것을 넘어, 타 기업이 데이터에 의존하는 방식 자체를 통제하는 구조로 전환된다. 예컨대, 애플(Apple)은 iOS에서 생성되는 사용자 위치 정보, 앱 사용 시간, 검색 이력 등을 외부 개발자에게 거의 공유하지 않으며, iOS의 프라이버시 강화 조치(App Tracking Transparency)를 통해 자사 생태계 내 데이터 흐름을 통제하고 있다.

메타 또한 페이스북, 인스타그램, 왓츠앱(WhatsApp) 등에서 발생하는 대규모 데이터 세트를 외부에 공개하지 않고, 자체 AI 시스템과 광고 알고리즘에만 활용하고 있다. 이처럼 데이터의 폐쇄적 운영은 기술 경쟁의 출발선 자체를 왜곡시키며, 경쟁 플랫폼이 성장을 지속하기 어려운 환경을 조성한다. 또한 다양한 기업이 독립적으로 시도할 수 있는 혁신적 실험과 알고리즘 다양성의 여지를 근본적으로 제한하는 효과를 낳는다.

결과적으로 데이터 기반의 배타적 운영은 시장 점유율의 고착화를 유도할 뿐만 아니라, 플랫폼 이용자(소비자)와 서비스 제공자(제3자 개발자) 모두를 특정 플랫폼 생태계에 종속시킨다. 일단 사용자가 플랫폼에 들어오면 해당 생태계에서 생성된 데이터와 서비스 편의성 때문에 이탈 비용이 높아지고, 자연스럽게 경쟁 이탈 비용이 상승한다. 이 구조는 플랫폼 중심 시장에서 '소수의 지배자와 다수의 종속자'라는 양극화된 구조를 심화시키며, 장기적으로는 기술적 역동성, 시장 혁신, 소비자 선택권을 모두 위축시키는 결과를 초래한다.

경쟁법상 쟁점과 규제 접근

데이터 독점에 대한 경쟁법적 접근은 아직 발전 중이나 주요 쟁점은 다음과 같다. 첫째, 데이터 독점이 시장 지배적 지위의 남용에 해당하는가에 대한 판단이다. EU의 경우에는 2020년 이후 구글 쇼핑 사건 및 아마존 사건에서 데이터 독점이 경쟁 제한 효과를 초래한 사례라고 판단하였다.

둘째, 데이터 접근 거부 또는 데이터 공유 제한이 부당한 거래 거절로 평가될 수 있는지 여부다. 기존 경쟁법에서 '필수 시설 원칙(essential facilities doctrine)'은 특정 자산이나 인프라가 경쟁의 전제가 되는 경우, 소유자가 정당한 이유 없이 접근을 거부하는 것을 위법으로 본다. 데이터도 이러한 범주에 포함될 수 있는지에 대한 논의가 진행 중이다.

셋째, 자사 우대 · 타사 차별(self-preferencing)의 문제다. 플랫폼이 자사 데이터를 활용하여 자사 서비스에 유리한 알고리즘을 설계하는 경우, 이는 경쟁 사업자에게 불리한 조건을 야기할 수 있으며, EU의 디지털시장법(DMA, Digital Markets Act)으로 이를 명시적으로 금지하고 있다.

정책적 대응과 국제 동향

데이터 독점을 해소하거나 그 폐해를 줄이기 위한 다양한 정책적 접근이 시도되고 있다. 대표적으로 EU의 데이터법은 다음과 같은 내용을 포함하고 있다.

(i) 공공 기관이 민간 기업의 데이터를 공익 목적으로 활용할 수 있는 조건 규정
(ii) 제품 및 관련 서비스에서 생성된 데이터에 대해 사용자의 접근권 및 이전권 보장
(iii) 데이터 보유자의 기술적 · 계약적 장벽 제거
(iv) 클라우드 간 전환의 자유 보장 등

이와 같은 조치는 데이터 독점이 초래하는 경쟁 제한

구조를 완화하고, 데이터 기반 AI 생태계의 개방성을 제고하기 위한 제도적 시도라 할 수 있다.

우리나라 역시 데이터 산업 진흥 및 이용촉진에 관한 기본법(이하, 데이터기본법) 및 공공데이터법 개정 등을 통해 유사한 정책적 접근을 시도하고 있으나, 민간 기업의 데이터 개방에 대한 실질적 규율은 아직 미흡한 상황이다. 향후 데이터의 경쟁법적 지위를 명확히 하고, 데이터 공유 및 상호 운용성 보장을 위한 제도 정비가 필요하다. 다만 이러한 제도 정비를 하는 경우 기업이 스스로 노력하여 확보하고, 가공한 데이터는 일부 공적 자산의 성격을 가지고 있지만 기본적으로는 사적 자산이라는 사실을 잊어서는 안 된다.

참고문헌

성승제(2022). "미국의 클라우드 법정책에 대응한 시사점 검토". 《경제법연구》, 21(2), 355~392쪽.

손영화(2008). "필수설비이론에 대한 서론적 고찰 - 미국법상 거래거절행위의 규제를 중심으로 -". 《경제법연구》, 7(2), 71~92쪽.

손영화(2020). "디지털 이코노미 시대의 경쟁정책의 과제 - 디지털 플랫폼을 중심으로". 《경제법연구》, 19(2), 169~196쪽.

손영화(2020). "EU의 디지털플랫폼규칙에 관한 소고". 《법학연구》, 25(2), 365~390쪽.

손영화(2021). “미국 빅테크 기업에 대한 최근 규제 동향 – 클라우드컴퓨팅에 대한 반트러스트법 쟁점을 중심으로 –”. 《경제법연구》, 20(2), 235~277쪽.

손영화(2024). “데이터의 집중과 경쟁법”. 《일감법학》, 59, 181~222쪽.

03
AI 알고리즘과 반경쟁적 행위

AI 알고리즘은 효율성과 혁신을 가져오는 강력한 도구이지만 동시에 경쟁을 왜곡하고 시장의 공정성을 침해할 수 있는 수단으로 작용할 위험도 내포하고 있다. 특히 플랫폼 기업이나 유통망을 가진 사업자들이 알고리즘을 통해 가격을 조정하거나, 특정 사업자를 차별하거나, 자동화된 방식으로 담합을 실행하는 등 '보이지 않는 반경쟁 행위'가 현실화되고 있다. 본 장에서는 이러한 AI 기반 반경쟁적 행위의 주요 유형과 사례, 경쟁법적 쟁점을 검토하고 정책적 대응 방안을 제시하고자 한다.

인공지능과 편향?

알고리즘 담합의 가능성과 유형

알고리즘이 경쟁에 미치는 영향 중 가장 주목받는 현상은 '알고리즘 담합'이다.

기업 간 직접적인 담합 없이도 알고리즘이 시장 데이터를 기반으로 가격을 동기화시키는 문제가 발생할 수 있다. 가격 조사 알고리즘이 시장 내 모든 경쟁사의 가격을 실시간으로 모니터링하고 자동으로 조정하는 경우, 가격 변동성이 줄어들고 기업들이 일정한 가격 수준을 유지하는 경향이 나타난다. 즉, 경쟁사가 가격을 올릴 경우 다른 기업들도 이를 따라가도록 설정된 알고리즘을 운영하게 되면 시장 전체의 가격이 비슷한 수준에서 유지되는 알고리즘 담합이 발생할 가능성이 커진다.

가격 조사 알고리즘이 기업의 가격을 최적화하는 방향으로 작동하면 가격 인하 경쟁이 줄어들고, 기업들은 서로 가격을 낮추는 대신 유지하는 방향으로 전략을 세울 가능성이 높다. 만약 시장 내 주요 기업들이 동일한 가격 조사 알고리즘을 활용할 경우에는 가격 인하 경쟁이 억제되고, 오히려 소비자가 불리한 가격을 지불해야 하는 상황이 발생할 수 있다. 이는 기업이 경쟁을 회피하고 암묵적으로 가격을 유지하는 방향으로 알고리즘을 설정할 경우 발생하는 "합의 없는 담합(collusion without communication)" 현상으로 이어질 수 있다.

가격 조사 알고리즘은 대기업이 시장에서 경쟁 우위를 차지하는 데 도움을 줄 수 있지만 중소기업에게는 불리하게 작용할 가능성이 크다. 대형 온라인 플랫폼(Amazon, Walmart 등)은 자체 가격 조사 시스템을 활용하여 경쟁사의 가격을 실시간으로 모니터링하고 자동으로 조정할 수 있다. 하지만 중소기업들은 이러한 알고리즘을 개발하거나 사용할 리소스가 부족하며, 대형 기업이 저가 정책을 운영할 경우 시장 경쟁에서 도태될 위험이 있다. 결과적으로 대기업이 시장을 장악하고, 소비자의 선택권이 제한되는 문제가 발생할 수 있다.

알고리즘 담합은 크게 다음과 같은 3가지 유형으로 분류할 수 있다. 이에 대해 간략히 살펴본다.

의도된 알고리즘 담합

이는 기업이 가격 결정 알고리즘을 설계할 때부터 경쟁사의 행동을 인식하고 조정하는 기능을 내장함으로써 사실상 가격 담합을 알고리즘에 위탁하는 방식이다. 예컨대 알고리즘이 '경쟁사보다 항상 5원 싸게' 설정되도록 구성되거나, 시장 내 특정 가격대가 형성되면 자동으로 가격을 인상하도록 프로그래밍이 될 수 있다.

이 경우 기업은 명시적인 인간 간의 협의 없이도 알고리즘을 통한 공동 가격 조정(coordinated pricing)이 가능하게 되며, 실질적으로 담합과 유사한 결과를 낳는다. 특히 경쟁사가 유사한 방식의 알고리즘을 운용할 경우 알고리즘 간 암묵적 공조(tacit coordination by design)가 발생할 수 있다. 미국과 유럽에서는 이를 "합의 없는 담합"으로 보고 법적 쟁점화하고 있다.

자율적 학습 기반 담합

이는 기업이 명시적으로 담합을 의도하지 않았더라도 강화 학습 기반의 AI(특히, 다중 에이전트 강화 학습 모델)가 반복적인 상호 작용을 통해 가격 인하 경쟁이 아닌 가격 안정화 전략을 '스스로' 선택하게 되는 경우를 의미한다.

이 경우 알고리즘은 경쟁자의 가격 반응을 탐색하는 과정에서 가격 경쟁을 회피하고 가격을 동조화하는 경향을 학습하며, 그 결과 시장은 자연스럽게 담합 상태에 가까운 균형점에 도달하게 된다. 이는 인간의 개입 없이 발생하며, 계약의 존재나 커뮤니케이션 흔적 없이 담합적 결과를 초래하기 때문에 기존 경쟁법 법리가 포착하지 못하는 영역으로 간주된다.

실제로 OECD 보고서(2017)는 실험적 경제 모형에서 자율적 알고리즘끼리의 학습만으로 가격이 안정화되는 현상을 확인한 바 있다.

공통 알고리즘 제공자에 의한 간접 담합

이는 복수의 기업들이 동일한 알고리즘 제공자 또는 플랫폼 설루션을 사용함으로써 발생하는 간접적인 가격 조정 효과를 의미한다. 제3의 서비스 제공자가 자동화된 가격 책정 소프트웨어를 여러 기업에 공급하고, 이 소프트웨어가 동일한 시장 신호에 따라 유사한 가격을 산출하게 될 경우, 시장 전반에 걸친 가격 동조화(price alignment) 현상이 발생할 수 있다.

이 경우 알고리즘 공급자는 일종의 '허브(hub)' 역할을 하며, 개별 기업들은 서로 직접적인 접촉 없이도 '스포크(spoke)'처럼 간접적으로 담합적 결과를 공유하게 된다. 대표적인 사례로 미국의 United States v. Topkins 사건에서는 아마존 마켓 플레이스에서 동일한 가격 책정 알고리즘을 사용하는 판매자 간 가격 동조화가 문제된 바 있다.

이러한 알고리즘 기반 담합의 공통적 특징은 전통적인 담합과 달리 명시적 합의나 서면 증거가 존재하지 않는다는 점이다. 그 결과, 경쟁당국이 '공동의 의사'나 '암묵적 합의'의 존재를 입증하기가 극히 어렵다. 특히 자율학습 기반 담합의 경우 기업 스스로도 담합 결과를 예측하지 못했을 가능성이 있기 때문에 고의 또는 공모의 입증 부담이 높아지며, 이는 기존 경쟁법 집행 체계의 한계를 드러낸다.

이에 따라 최근에는 알고리즘 설계자 또는 제공자의 예견 가능성(foreseeability), 알고리즘 간 상호 작용의 예측 가능성, 학습 결과에 대한 피드백 통제 가능성 등을 기준으로 책임 귀속 기준 및 규제 범위를 새롭게 설정하려는 논의가 이어지고 있다.

차별적 알고리즘과 불공정성

AI는 동일한 조건에서도 사용자마다 다른 정보를 제공하거나 다른 가격을 제시할 수 있다. 이러한 기능은 '맞춤형 또는 개인화(personalization)'라는 이름으로 포장되지만, 가격 차별이나 서비스 차별로 악용될 수 있다.

예컨대, 일부 전자 상거래 플랫폼에서는 고소득 지역의 소비자에게 더 높은 가격을 제시하거나, 반복 구매 이력이 있는 사용자에게 할인 쿠폰을 제공하지 않는 방식의 차등 전략이 적용되기도 한다. 또, 광고 알고리즘은 특정 그룹의 기업이나 콘텐츠를 우선적으로 노출하고, 경쟁자 노출은 억제하는 방식으로 검색 편향을 유도할 수 있다.

이러한 알고리즘적 차별은 소비자 후생을 저해할 뿐 아니라 소규모 사업자의 시장 접근을 제한하고, 플랫폼 중심의 경쟁 환경을 왜곡시키는 결과를 낳는다.

자사 우대와 플랫폼 독점 강화

AI 알고리즘은 플랫폼 기업의 자사 우대 전략을 자동화하고 정교화하는 수단으로도 활용된다. 대표적으로 구글은 검색 알고리즘을 통해 자사 서비스(예: 구글 쇼핑, 구글 지도)를 경쟁자보다 상위에 배치한 혐의로 EU 집행위원회로부터 거액의 벌금을 부과받았다.

이러한 자사 우대 알고리즘은 플랫폼을 경쟁 무대로 활용하려는 제3자 사업자의 기회를 제한하며, 데이터 피드백 루프와 결합되어 시장 지배력을 지속 강화하는 폐쇄적 구조를 형성한다. EU는 이러한 우려를 반영해 디지털시장법을 통해 특정 핵심 플랫폼에 대해 자사 서비스 우선 노출 금지를 명문화하였다.

정책적 대응과 경쟁법의 진화 방향

AI 알고리즘의 반경쟁적 효과에 대응하기 위해서는 기존 경쟁법의 형식적 요건을 넘어서는 새로운 해석과 집행 기준이 요구된다.

우선, 알고리즘 담합에 대한 입증 기준 완화 및 간접 정황 증거 간주 방식 도입이 검토될 수 있다.

둘째, 알고리즘 설계의 투명성 확보와 책임 있는 개발 원칙, 즉 설명 가능성(explainability)을 기반으로 한 기술 규범이 필요하다.

셋째, 경쟁당국과 기술 전문가 간 협력 체계를 마련하여 알고리즘 감사(auditability)를 제도화할 필요가 있다.

넷째, 제3자 알고리즘 제공자의 책임 귀속 문제 및 플랫폼의 편향 알고리즘 운영을 제재할 수 있는 사전 규제 도입도 고려될 수 있다.

참고문헌

김병일(2022). “EU의 디지털 시장법(Digital Markets Act)의 주요 내용과 국내 시사점”. 《KISO저널》, 46호, 18~24쪽.

손영화(2020). “디지털 이코노미 시대의 경쟁정책의 과제 - 디지털 플랫폼을 중심으로”. 《경제법연구》, 19(2), 169~196쪽.

손영화(2021). “미국 빅테크 기업에 대한 최근 규제 동향 - 클라우드컴퓨팅에 대한 반트러스트법 쟁점을 중심으로 -”.

《경제법연구》, 20(2), 235~277쪽.

손영화(2023). "AI 공정성에 관한 연구 – 차별 없는 AI 사회의 실현 –". 《한양법학》, 34(3), 275~304쪽.

OECD(2017). "Algorithms and Collusion: Competition Policy in the Digital Age". https://www.oecd.org/en/publications/algorithms-and-collusion-competition-policy-in-the-digital-age_258dcb14-en.html

04
플랫폼 기업과 데이터 규제

플랫폼 기업은 디지털 경제의 중심축으로 기능하며, AI와 데이터 기반 경쟁 환경에서 결정적인 역할을 수행하고 있다. 이들 기업은 다수의 사용자와 공급자를 연결하는 중개자이자 데이터 수집 · 처리 · 분석의 중심지로서 시장 지배력을 점차 강화하고 있다. 이 장에서는 플랫폼 기업이 형성한 데이터 독점 구조, 공정 경쟁에 미치는 영향, 그리고 이에 대응하기 위한 주요 국가들의 규제 동향을 살펴본다.

청각장애인과 AI?

플랫폼의 작동 원리와 데이터 수집 구조

플랫폼 기업은 검색, 커뮤니케이션, 쇼핑, 소셜 네트워크, 결제 등 다양한 서비스를 통해 사용자와 직접 상호작용하며 데이터를 수집한다. 이러한 데이터는 실시간으로 생성되며, 정형 · 비정형 데이터를 포괄하고 클릭로그(click logs), 검색 이력, 위치 정보, 구매 패턴 등 매우 정밀한 내용을 포함한다.

특히 이 과정은 데이터 집중과 비대칭적 정보 권력을 강화하는 방향으로 작동한다. 사용자 수가 많을수록 데이터는 더욱 정밀하고 다층적 구조를 가지게 되며, 이는 AI 알고리즘을 최적화하는 자원으로 활용된다. 즉, 플랫폼은 서비스의 질을 높이기 위해 데이터를 수집하고, 향상된 서비스는 다시 더 많은 사용자를 유인하면서 데이터 수집 규모를 확대하는 자기 강화적 순환 구조를 형성하게 된다.

플랫폼 기업의 데이터 지배력과 경쟁 제한

플랫폼 기업은 단순한 서비스 제공자가 아니라 시장 구조의 설계자이자 통제자로서 작동한다. 특히 다음과 같은 구조는 경쟁 제한의 주요 원인이 되고 있다.

첫째, 플랫폼은 자사 서비스 내에서 생성된 데이터를

외부에 대하여 폐쇄함으로써 경쟁자의 AI 개발 기회를 원천적으로 차단한다. 예컨대, 애플은 iOS 플랫폼에서 수집된 데이터를 외부 개발자와 공유하지 않으며, 이는 타사 애플리케이션의 사용자 분석 및 기능 최적화에 구조적 한계를 야기한다.

둘째, 이러한 데이터 독점은 사용자 고착을 유도하고 시장 진입 장벽을 높인다. 예를 들어, 메타는 페이스북과 인스타그램 사용자 데이터를 자사 광고 알고리즘 고도화에 집중 사용함으로써 신규 광고 플랫폼의 경쟁을 사실상 봉쇄하고 있다. 이는 특정 기업이 데이터와 AI를 동시에 장악함으로써 전체 시장을 설계 · 통제하는 결과로 이어진다.

셋째, 플랫폼은 자사 규칙을 통한 생태계 지배력 강화 전략을 사용한다. 예컨대, 구글은 검색 결과 노출 순서에 자사 서비스를 우선 배치하는 방식으로 공정 경쟁을 저해한다는 이유로 EU 경쟁당국의 조사를 받은 바 있으며, 이는 데이터뿐만 아니라 알고리즘 통제력이 결합된 지배 구조의 문제다.

데이터 규제를 통한 시장 구조 개편 시도

이러한 문제에 대응하기 위해 세계 주요국은 플랫폼 기

업의 데이터 보유 · 이용 방식에 대한 규제 정비에 나서고 있다.

유럽 연합

2023년 제정된 데이터법은 플랫폼 기업을 포함한 데이터 보유자에게 공공 · 민간 간 데이터 공유 의무를 부과하며(제1조 제3항 (c)호, (d)호, (e)호), 기술적 · 계약적 장벽을 통한 배타적 이용을 제한하는 방향으로 규범을 수립하였다. 이는 사용자 생성 데이터의 활용 권한을 사용자에게 환원함과 동시에 중소기업 · 공공 기관의 AI 활용 접근성을 보장하는 효과를 가진다.

일본

디지털청을 중심으로 "데이터 유통 거버넌스 지침"을 도입하여 플랫폼 기업의 데이터 개방 원칙을 제시하고 있으며, 자발적 데이터 공유를 유도하는 '트러스트 프레임워크' 제도도 병행하고 있다.

2025년 일본 경제산업성은 기업의 실무 담당자를 위한 산업 데이터의 국경 간 데이터 관리 등에 관한 매뉴얼을 제정하였다. 이 매뉴얼은 기업이 국제적으로 데이터를 공유하고 활용함에 있어 직면하는 주요 위험 요인을 파악하고, 이에 적절히 대응하기 위한 지침으로 활용될 수 있다. 경제산업성은 국제 데이터 거버넌스 자문위원회 및 국제 데이터 거버넌스 검토회(디지털청 · 경제산업성 공동 주최) 산하에, 2024년 5월 30일 산업 데이터 소워킹 그룹(Sub-WG)을 설치하여 산업 데이터의 국제적 공유 · 이용에 따르는 위험성 및 기업이 취할 수 있는 대응 방안, 특히 국경 간 이전에 초점을 맞추어 정리 작업을 진행해 왔다. 국경 간 이전에 관한 개인 정보에 대해서는 국제적으로도 많은 논의가 축적되어 왔지만 이번 매뉴얼은 개인 정보 외의 데이터(매뉴얼에서는 "비퍼스널 데이터"라고 명시)에 초점을 맞춘 최초의 매뉴얼이다.

한국

데이터기본법 제정과 함께 마이데이터(MyData) 제도, 공공 데이터 개방, 클라우드 상생 협력 서비스 지원 등 다양한 제도를 통해 플랫폼의 데이터 독점 완화를 시도하고 있다. 특히, 마이데이터는 개인이 자신의 다양한 데이터를 자기 주도적으로 관리하고, 안전하게 활용할 수 있도록 지원하는 제도다. 이는 2021년 8월 4일 금융권에서 시작되어, 이후 사업자 자격 심사와 기능 검증 절차가 체계화되었다.

2022년 1월부터는 스크래핑(scraping) 방식이 전면 금지되고, API 기반 데이터 수집 · 전송 방식이 의무화되었다. 마이데이터 사업자는 금융보안원 또는 외부 평가기관의 기능 적합성과 보안 취약점 심사를 거쳐야 한다.

2025년 6월 19일부터 '마이데이터 2.0' 시대가 개막되어 "한 앱에서 모든 금융 자산 확인"이 가능해지며 편의성 및 서비스 범위가 크게 확대되고 있다. 현재는 금융 분야 중심이지만 공공 마이데이터로 확장되어 행정 정보, 건강 · 의료, 교육 등 다양한 분야에서 개인이 자기 데이터를 통합적으로 활용하도록 지원 중이다.

한편, 민간 플랫폼 기업에 대한 강제력 있는 데이터 공유 의무는 미비하다는 지적도 있다.

플랫폼 규제와 공정한 데이터 경쟁 질서의 과제

플랫폼 기업과 데이터 규제를 둘러싼 정책과 법제는 다음의 과제를 안고 있다. 첫째, 데이터의 실질적 소유권과 사용권에 대한 법적 명확화가 필요하다. 사용자 생성 데이터의 통제권이 기업이 아닌 사용자에게 귀속될 수 있도록 할 필요가 있다.

둘째, 플랫폼 간 데이터 이동성의 확보가 마련되어야

한다. 플랫폼 전환을 용이하게 하여 사용자 고착 현상을 완화하고 경쟁을 촉진할 수 있어야 한다.

셋째, API 접근권과 알고리즘 감사가 보장되어야 한다. 특정 기업의 데이터 폐쇄 및 알고리즘 편향을 감시할 수 있는 외부적 제어 권한이 제도화되어야 할 것이다.

넷째, 기술적 공정성과 데이터 중립성이 확보되지 않으면 안 된다. 시장에서 특정 플랫폼이 데이터의 흐름과 가치를 독점적으로 이용하지 않도록 데이터의 중립성 확보를 위한 기술 표준 및 감독 체계가 필요하다.

플랫폼 기업은 데이터와 알고리즘을 중심으로 새로운 시장 구조를 형성하는 주체이며, 이로 인해 전통적인 경쟁법 및 정보법 체계로는 이들을 규율하는 데 한계가 존재한다. AI와 데이터 기반 플랫폼의 시장 지배력은 단순한 경제적 독점을 넘어 정보 주권, 디지털 공공성, 알고리즘 민주주의의 문제로 확장되고 있다. 따라서 데이터 중심 플랫폼 경제에서 공정한 경쟁과 사회적 책임을 실현하기 위한 정교한 규제 설계와 법적 정비가 무엇보다 시급하다.

참고문헌

배옥진(2021.4.19). “마이데이터 ‘너도나도’...보안점검심사 병목

'혼란' 우려". 《전자신문》.
https://www.etnews.com/20210419000169
한국지능정보사회진흥원(2022.3.25). "EU, 데이터법안(Data Act)의 주요 내용과 시사점". 《디지털 법제 Brief》, 1~9쪽.
행정안전부·한국지능정보사회진흥원(2024). "공공 마이데이터 서비스 수행 가이드". 행정안전부·한국지능정보사회진흥원.
経済産業省(2025.1.27.).
"企業の国際的なデータ共有・利活用を推進するための「産業データの越境データ管理等に関するマニュアル」を策定しました".
https://www.meti.go.jp/press/2024/01/20250127001/20250127001.html
Reuters(2014.11.29). Meta faces trial in October on unfair competition case lodged by Spanish media.
https://www.reuters.com/technology/meta-faces-trial-october-unfair-competition-case-lodged-by-spanish-media-2024-11-29/

05
개인 정보 보호와 데이터 이동성

디지털 경제 시대에 개인 정보 보호와 데이터 이동성은 상호 긴밀하게 연동된 핵심 이슈로 부상하고 있다. 한편으로는 개인 정보의 오남용 및 침해 위험에 대한 우려가 커지고 있으며, 다른 한편으로는 데이터 주체가 자신의 데이터를 다양한 플랫폼 간에 자유롭게 이전·활용할 수 있는 권리가 강조되고 있다. 본 장에서는 개인 정보 보호와 데이터 이동성 간의 긴장 관계, 관련 제도 및 국제 동향, 그리고 정책적 과제에 대해 검토한다.

AI 콘텐츠 크리에이터?

개인 정보 보호의 법적 구조와 한계

개인 정보 보호는 인간의 존엄성과 사생활의 비밀을 보장하기 위한 기본권적 가치에서 출발한다. 우리나라의 경우 개인정보보호법은 공공·민간 부문을 아우르는 통합법으로서 개인 정보의 수집, 이용, 보관, 파기에 이르기까지 전 주기를 규율하고 있다. 개인 정보의 최소 수집 원칙, 목적 외 이용 제한, 동의 기반 처리 등의 규범은 사생활 침해를 방지하기 위한 핵심 장치로 작용한다.

그러나 디지털 환경에서 개인 정보의 경계는 점점 모호해지고 있다. 비정형 데이터, 위치 정보, 생체 정보 등은 결합·가공을 통해 개인을 식별할 수 있는 가능성을 지니며, 이는 기존 법체계가 상정하지 못했던 새로운 위험을 야기한다. 특히 인공지능 기술이 활용되는 환경에서는 비식별화된 정보라도 알고리즘을 통해 재식별될 위험성이 존재하며, 이에 따른 법적 대응은 여전히 불완전하다.

또한 개인정보보호법상 동의제 중심의 규율 체계는 정보 주체의 실질적 통제권을 충분히 보장하지 못한다는 점에서 한계가 있다. 현재의 동의제는 형식적 절차에 치중되어 있어 정보 제공자가 데이터의 활용 맥락을 충분히 이해하지 못하는 경우가 많고, 결과적으로 정보 비대칭을 심화시키고 있다. 전영균(2022)은 이러한 문제를 지적하며, 실질적 자기 결정권 보장을 위해 '동의 중심의 보호 패러다임'에서 '통제 권한의 분산 및 사후적 통제 강화'로의 전환이 필요하다고 주장한다.

개인 정보 보호 규범은 기술 변화에 따라 신속하게 적응해야 할 유연성이 요구되지만 현행법은 새로운 기술 환경에 대응하는 데 한계를 보이고 있다. 예컨대, AI나 사물인터넷(IoT) 기반의 서비스는 지속적 데이터 수집 · 분석을 전제로 하므로 단발적 동의나 고지 방식만으로는 실질적인 개인 정보 보호를 달성하기 어렵다. 이에 따라 기술 · 사회 변화에 부합하는 동적 규율 체계로의 전환이 요구된다.

데이터 이동성의 개념과 법 제도적 발전

데이터 이동성은 데이터 주체가 자신에 관한 데이터를 다른 서비스로 이전하거나, 일정한 조건하에 외부 활용을 허용할 수 있는 권리를 의미한다. 이는 개인의 정보 자기 결정권을 실현하는 수단이자 플랫폼 종속성을 완화하고 경쟁을 촉진하는 기능도 함께 수행한다. 데이터 이동성은 단순한 권리 보장을 넘어 데이터 기반 혁신 생태계의 촉진자 역할을 수행한다.

EU의 GDPR 제20조는 데이터 이동권을 명문화하여 정보 주체가 제공한 개인 정보를 구조화된 일반적 · 기계 판독이 가능한 형식으로 받을 수 있도록 하고, 이를 다른 데이터 관리자에게 전송할 수 있는 권리를 보장하고 있다. 이 규정은 단순한 보호 규범을 넘어서, 디지털 시장 내 데이터의 유통을 촉진하고 경쟁을 활성화하려는 의도를 반영하고 있다. 독일, 프랑스 등 일부 국가에서는 금융, 통신, 의료 등 특정 분야에서 데이터 이동권을 구체화한 세부 지침을 병행 제정하여 실효성을 높이고 있으며, EU 차원에서도 데이터거버넌스법(DGA, Data Governance Act), 디지털시장법 등 다양한 법령을 통해 데이터 이동성을 강화하고 있다.

한편 우리나라에서도 개인정보보호법 개정을 통해 마이데이터 제도가 도입되었으며, 금융 · 의료 · 공공 부문 등을 중심으로 개인 데이터의 이동과 통합 관리가 가능해졌다. 특히 금융위원회는 '본인신용정보관리업(마이데이터 사업자)' 제도를 신설하여, 금융 소비자가 자신의 신용 정보를 다양한 금융 기관 간에 안전하게 이전하고 활용할 수 있도록 제도화했다(신용정보법 제2조 제9호의2). 이는 개인 정보 자기 결정권을 강화하고, 데이터 기반의 혁신적인 금융 서비스를 제공하기 위한 조치다.

다만 전자금융거래법, 신용정보법, 의료법 등 개별 법령에 산재된 조항들 간의 정합성이 충분히 확보되지 않아 데이터 이동권의 실질적 구현에는 여전히 제도적 정비가 필요한 실정이다. 김형진(2022)은 마이데이터 제도가 실질적인 데이터 이동권으로 기능하기 위해서는 동의의 포괄성과 진정성, 제3자 이전 과정에서의 보안성, 정보 주체의 선택권 보장 등의 측면에서 보완이 필요하다고 지적한다. 향후에는 전송 요구권, 기계 판독성 보장, 이식성 기준 마련 등 구체적 실행 매뉴얼을 통해 실질적 권리로 구현되어야 할 것이다.

개인 정보 보호와 이동성 간의 긴장 및 조화 가능성

개인 정보 보호와 데이터 이동성은 상호 모순되는 개념으로 보일 수 있으나, 궁극적으로는 개인의 정보 주권을 보장한다는 점에서 조화를 이룰 수 있다. 데이터 이동성은 정보 주체에게 더 많은 통제권을 부여함으로써 정보 비대칭을 해소하고 자기 결정권을 강화한다. 반면 이동성을 통한 제3자 접근은 새로운 개인 정보 침해의 위험을 동반하므로 정보 보안과 처리 투명성 확보가 전제되어야 한다.

따라서 데이터 이동은 반드시 안전한 기술적 기반(예: 암호화, 인증, 감사 로그 등)과 엄격한 법적 조건(동의, 목적 제한, 최소 처리 원칙 등)하에 이루어져야 한다. 또한 이동된 데이터의 재사용에 대한 사전 통지 및 통제 권한 보장, 제3자 수탁자에 대한 책임성 강화도 병행되어야 한다. 고수윤(2021)의 연구에 따르면, 데이터 이동권의 실질적인 구현을 위해서는 기술적 상호 운용성의 확보뿐 아니라 계약 관계상 책임 주체의 명확화, 권리 범위에 대한 세부 기준 마련, 사전 고지 의무 및 처리 이력 관리 체계 도입이 필요하다. 이러한 다층적 조건이 충족될 때, 데이터 이동성과 개인 정보 보호는 충돌이 아닌 상호 보완적 관계로 작동할 수 있다. 특히 사용자의 선택권을 실질적으로 보장하는 제도 설계가 병행될 경우, 데이터 이동성은 오히려 개인 정보 보호 수준을 향상시키는 도구로 기능할 수 있다.

개인 정보 보호와 데이터 이동성 간의 균형을 위한 정책적 시사점

첫째, 개인 정보 보호와 데이터 이동성 간의 균형을 위한 통합 정책 설계가 필요하다. 보호와 활용의 이분법을 넘어서 정보 주체 중심의 데이터 거버넌스를 구축해야 한다. EU의 GDPR을 준거로 삼되, 국내 법제의 실정에 맞는 융합형 모델이 요구된다.

둘째, 마이데이터 제도의 확장에 따라 업종별로 산재된 데이터 이동 규정을 정비하고, 범용적 이동성 프레임워크를 마련할 필요가 있다. 또한 정보 주체가 쉽게 이해하고 활용할 수 있는 사용자 인터페이스와 이용 가이드를 제공해야 한다. 사용자 권리 고지서의 표준화 및 시각적 도식화도 필요하다.

셋째, AI 및 데이터 기반 서비스에서 이동된 데이터가 알고리즘 훈련, 상품 추천, 맞춤형 서비스에 이용되는 경우, 사전 정보 제공 및 거부권(opt-out) 보장 체계가 강화되어야 한다. 데이터 전송 요구권의 오남용 가능성과 알고리즘 조작의 우려가 있으므로 사전 동의 외에 정기적 감사 및 외부 감시 기구의 설치 역시 검토할 필요가 있다.

넷째, 국제 데이터 이동 관련하여 국가 간 상호 운용 가능한 데이터 보호 체계 마련이 중요하다. GDPR 적정성 평가, APEC(아시아 태평양 경제 협력체) CBPR(Cross-Border Privacy Rules, 국경 간 프라이버시 규칙) 등 글로벌 제도와의 정합성을 확보할 필요가 있다. 특히 비개인 정보까지 포함하는 산업 데이터의 이동에 대해서는 별도의 표준화 지침이 필요하다.

결론적으로 개인 정보 보호와 데이터 이동성은 상호 보완적으로 설계되어야 하며, 개인의 권리 보호와 데이터 기반 혁신을 동시에 달성하는 정교한 정책 조율이 필수적이다. 이는 AI 시대의 공정한 데이터 질서를 구축하고, 사용자 중심의 디지털 경제를 실현하는 핵심 관건이다.

참고문헌

고수윤 외(2020). "데이터이동권 도입을 위한 비교법적 연구". 《과학기술법연구》, 26(2), 3~58쪽.

손영화(2022). "정보통신기술의 발전과 개인정보 보호". 《기업법연구》, 36(1), 171~211쪽.

손영화(2024). "플랫폼 경제시대 데이터 3법의 개정과 개인의료데이터의 활용". 《산업재산권》, 67, 437~478쪽.

심희정 외(2020.8.7). "마이데이터 사업 등 개정 신용정보법 시행으로 달라지는 것". 《법률신문》. https://www.lawtimes.co.kr/LawFirm-NewsLetter/163416

전영균(2018), "개인정보 전송요구권의 본질과 입법방향에 대한 연구". 서울과학기술대학교 IT정책전문대학원 박사학위논문, 1~163쪽.

정찬모(2018), "데이터이동성을 위한 유럽연합의 입법동향과 쟁점". 《과학기술법연구》, 24(3), 207~242쪽.

06
글로벌 경쟁법

AI 기술과 데이터는 글로벌 시장 경쟁의 핵심 자산으로 부상하고 있으며, 이에 따른 독점화와 반경쟁적 행태에 대한 규제가 국제 경쟁법 체계 전반에서 중요한 의제로 자리 잡고 있다. 미국, 유럽 연합, 중국, 일본 등 주요국은 AI 기반 시장 구조의 변화에 대응하기 위해 경쟁법의 해석 및 입법 방향을 적극적으로 조정하고 있으며, 데이터 접근과 알고리즘 투명성에 대한 새로운 규범 정립이 시도되고 있다.

AI와 민주주의?

미국: 반트러스트법과 알고리즘 담합 문제

원칙

미국의 경쟁법 체계는 셔먼법(Sherman Act), 클레이튼법(Clayton Act), 연방거래위원회법(FTC Act)에 기초하여 시장 지배력 남용 및 담합을 규율하고 있다. 특히 셔먼법 제1조와 제2조에 따른 담합 및 시장 지배력 남용에 대한 금지 원칙은 AI 시대에도 그대로 적용되며, 새로운 기술 환경에서의 경쟁 제한 행위에 대한 해석론과 집행 전략의 정교화가 요구되고 있다. 최근 AI 기반 알고리즘이 가격 설정이나 수요 예측에 활용되면서 자율적으로 가격을 조정하거나 경쟁사 가격에 반응하는 방식이 담합적 효과를 유발할 수 있다는 우려가 커지고 있다.

Amazon 사건

연방거래위원회는 2023년 Amazon 사건[Federal Trade Commission v. Amazon.com Inc., 2:23-cv-01495, (W.D. Wash.)]에서 아마존의 알고리즘 프로젝트 네시(Nessie)를 통해 판매자의 가격 하한선을 설정하고 결과적으로 가격을 인위적으로 상승시켰다고 판단하였다. 이 사건은 알고리즘이 스스로 가격을 조정하면서 소비자 피해를 초래하였다는 점에서 기존 담합 개념이 자율 학습 알고리즘에도 확장될 수 있음을 보여 주는 사례다. 나아가 FTC는 2024년 성명에서 "AI 시스템 개발 과정에서의 데이터 선택 및 학습 알고리즘이 시장 분할이나 가격 고정 등의 반경쟁적 결과를 초래할 수 있다면 이는 조사 대상이 된다"고 천명하였다.

Topkins 사건

이러한 법 집행 움직임은 2015년 Topkins 사건(Plea Agreement, United States v. David Topkins)과 같은 선행 판례에 기반한다. 해당 사건에서는 아마존 마켓 플레이스 내 포스터 판매 업체들이 경쟁사의 가격을 추적하고 동일하게 맞추도록 알고리즘을 설계하여 담합을 실행하였다는 사실이 인정되었다. 이는 알고리즘이 전통적 담합의 구현 수단으로 활용된 사례로 평가된다.

FTC와 법무부의 2023년 공동 워크숍

한편, FTC와 법무부는 알고리즘 담합의 위험성과 관련하여 2023년 공동 워크숍을 통해 "합의 없는 담합" 가능성, 즉 자율적 알고리즘 간 상호 작용이 인간 개입 없이도 담합 유사 결과를 초래할 수 있다는 점을 강조하며,

기존 경쟁법 이론으로 이들을 어떻게 포섭할 수 있을지를 주요 검토 과제로 제시하였다. 특히 강화 학습(Reinforcement Learning) 기반의 가격 결정 시스템이 수익 극대화를 위한 학습 과정에서 자연스럽게 담합적 가격 수준에 수렴할 수 있다는 컴퓨터 과학 및 경제학계의 실험 결과가 이를 뒷받침하고 있다.

고객 맞춤 가격 설정

또한, 고객 맞춤 가격 설정(personalized pricing) 문제도 부각된다. 알고리즘은 소비자의 구매 이력, 검색 기록, 클릭 패턴 등을 분석하여 개별 가격을 제시할 수 있으며, 이는 소비자 후생에 긍정적이면서도 특정 소비자에게 차별적 가격을 강요하는 결과를 초래할 수 있다. 한 연구에 따르면, 알고리즘 기반 개인화 가격은 전체 소비자 잉여를 23% 감소시키는 동시에 약 60%의 소비자에게는 더 낮은 가격을 제공하는 경향을 보였다(Dube & Misra, 2023).

미국의 경쟁당국은 알고리즘이 시장에서 창출하는 효율성과 후생 증진 효과를 무시하지 않되 시장 투명성 제고가 오히려 암묵적 담합을 용이하게 하거나 알고리즘 스스로 담합적 행동을 하게 되는 위험성을 주의 깊게 살

피며, 새로운 기준과 수단을 적극적으로 모색하고 있다. 이와 관련하여 FTC는 알고리즘 투명성 확보, 사전 감사, 해석 가능성을 담보할 수 있는 기술적 규범과 기업 책임 체계 구축을 중점적으로 추진 중이다.

유럽 연합: 데이터 접근권과 시장 구조 규제 강화

원칙

EU는 인공지능, 빅데이터, 디지털 플랫폼 경제의 급속한 확산 속에서 경쟁 제한적 구조를 사전에 방지하고 데이터 기반 지배력을 견제하기 위한 포괄적 규제 체계를 구축하고 있다. 특히 디지털시장법, 디지털서비스법(DSA, Digital Services Act), 데이터거버넌스법, 데이터법 등 일련의 법제들은 경쟁법과 데이터 규제의 융합을 통해 새로운 시장 규율 패러다임을 형성하고 있다.

DMA상 게이트 키퍼 규제

DMA는 구글, 애플, 메타, 아마존, 마이크로소프트 등 일정 기준을 충족하는 기업을 "게이트 키퍼"로 지정하고, 이들에게 데이터 공유 의무, 자사 서비스 우대 금지, 제3

자 상호 운용성 보장 등의 강력한 행위 의무를 부과하고 있다. 이러한 의무는 단순한 경쟁 촉진을 넘어, 시장 내 데이터 접근권의 평등한 보장을 통해 생태계의 개방성과 다양성을 확보하는 데 초점이 있다. 특히, 게이트 키퍼는 타사 서비스에서 생성된 데이터를 자신의 광고나 추천 알고리즘에 활용할 수 없으며, 타사 사업자에게도 동등한 분석 접근을 제공해야 한다.

GDPR상 데이터 이동권

GDPR 제20조가 규정하는 데이터 이동권은 정보 주체가 자신의 데이터를 구조화된, 기계 판독 가능한 형식으로 이전할 수 있는 권리를 명시함으로써 단순한 정보 보호를 넘어 데이터 유통을 통한 경쟁 촉진 수단으로 기능하고 있다. 이에 더해 2023년 제정된 데이터법은 IoT 기기 및 플랫폼에서 생성되는 데이터를 사용자 중심으로 활용할 수 있도록 하고, 데이터 보유자의 기술적 · 계약적 장벽 설정을 금지함으로써 공정한 데이터 활용 환경을 조성하고 있다. 이 법은 공공 · 민간 데이터 공유를 확대하고, 공정한 가치 배분 및 데이터 주체 권리의 실효성을 강화하려는 목적을 가지고 있다.

알고리즘 담합 규제

EU 경쟁당국(European Commission, DG COMP 및 각국 공정 거래 당국)은 알고리즘 기반 담합이나 자사 우대 알고리즘의 시장 왜곡 효과에 주목하여 기업 내부의 알고리즘 설계 구조, 입력 데이터 흐름, 결과값의 경쟁 제한 가능성 등을 조사하는 기술 분석 기능을 강화하고 있다. 특히, '허브 앤드 스포크(hub-and-spoke)' 방식으로 작동하는 알고리즘 공유 구조나 제3자 알고리즘 제공자에 의한 가격 조정 가능성에 대한 사전적 분석이 활발히 이루어지고 있으며, 이를 위해 디지털 포렌식 및 인공지능 기술 전문가를 포함한 특별 조사팀이 운영되고 있다.

고위험 AI 시스템

또한, 경쟁당국은 EU AI 법과의 연계를 통해 고위험 AI 시스템에 대한 사전 평가 및 투명성 확보 의무를 경쟁법과 병행 적용하는 방향을 모색 중이다. 이러한 복합 규율 체계는 AI 기술의 발전을 저해하지 않으면서도 시장 경쟁의 공정성을 확보하고자 하는 규범적 시도로 평가된다.

중국: 플랫폼 반독점 규제와 데이터 집중 억제

중국은 2020년 말 '인터넷 반독점 규제의 원년'을 선언하며, 디지털 플랫폼 경제에 대한 강력한 경쟁법 집행과 데이터 집중 억제를 본격화하였다. 2021년 개정된 반독점법은 플랫폼 시장 특성을 반영한 새로운 조항들을 도입하였으며, 동년 발표된 플랫폼 경제 반독점 지침(平台经济领域反垄断指南)은 알고리즘에 의한 차별, 자사 우대, 거래 제한(排他性交易) 등의 구체적 행위 유형을 예시로 제시하여 경쟁당국의 법 집행 기준을 명확히 했다.

알고리즘에 의한 빅데이터 차별 관행

특히 플랫폼 기업이 데이터 분석 알고리즘을 이용해 사용자 유형에 따라 상품 가격을 차등 적용하는 '빅데이터 차별' 관행은 불공정 가격 행위로 간주된다. 이와 관련하여 중국시장감독총국(SAMR)은 주요 플랫폼 기업[예컨대 알리바바(Alibaba), 텐센트(Tencent), 메이퇀(美团) 등]에 대해 알고리즘 설계 구조, 사용자 프로파일링 방식, 데이터 이용 경로 등에 대한 상세 자료 제출을 요구하고, 알고리즘이 경쟁 질서를 실질적으로 왜곡하는지를 집중적으로 심사하고 있다.

양자택일 정책

SAMR은 2021년 알리바바에 대해 '양자택일(二选一)' 정책(즉, 입점 업체가 경쟁 플랫폼에 중복 등록하는 것을 제한)을 이유로 182억 위안(약 3조 원)이라는 사상 최대 규모의 과징금을 부과하였으며, 이 판례는 알고리즘과 데이터 기반의 배타 전략이 반독점법 위반으로 규제될 수 있음을 천명한 중대한 전환점으로 평가된다.

AI 알고리즘과 데이터 처리 행위에 대한 다층적 규율 체계

중국은 경쟁법 집행 외에도 데이터보안법(数据安全法, 2021), 개인정보보호법(PIPL, 2021) 등 데이터 관련 기본법을 연계하여 AI 알고리즘과 데이터 처리 행위에 대한 다층적 규율 체계를 구축하고 있다. 특히, PIPL은 자동화된 의사 결정(제24조)에 대해 정보 주체의 설명 요구권 및 거부권을 인정함으로써 AI 추천 시스템에 대한 개인 통제를 강화하였다. SAMR은 개인 정보 알고리즘 처리 및 플랫폼 기업의 '블랙박스화'된 데이터 활용에 대응하기 위해 기술 전문가 및 데이터 거버넌스 전문가로 구성된 AI 감독 전담 부서를 신설하고, 알고리즘 등록 제도와 리스크 평가 제도의 단계적 도입을 준비 중이다.

AI로 인한 독과점 위험 방지

중국 정부는 또한 'AI로 인한 독과점 위험 방지'를 주요 과제로 삼고, 2023년 생성형 AI 서비스 관리에 관한 잠정 조치(生成式人工智能服务管理暂行办法)를 발표하여 생성형 AI 사업자가 콘텐츠 안전성, 알고리즘 투명성, 공정한 경쟁 조건을 갖출 것을 의무화하였다. 이러한 조치는 데이터와 알고리즘의 집중을 이용한 플랫폼 주도의 시장 통제를 구조적으로 제한하려는 일련의 규제 프레임워크 속에서 기능하고 있다.

이와 같이 중국은 반독점법, 개인정보보호법, 데이터 보안법, 생성형 AI 규제 등 다양한 입법과 정책 수단을 결합하여 AI와 데이터 기반 경제에서의 경쟁 제한 행위를 종합적으로 억제하고자 하는 전략을 추진 중이다. 이는 단순한 경제 규제가 아닌 기술 주권 확보 및 디지털 통제 권한 강화라는 국가적 목표와도 밀접하게 연동되어 있다.

일본: 디지털 플랫폼 규제와 알고리즘 경쟁 정책

일본은 디지털 플랫폼 시장에서의 공정한 거래 질서 확립을 위해 2020년 특정 디지털 플랫폼 거래의 투명화 및 공정화에 관한 법률(이하 '디지털플랫폼법')을 제정하였다. 이 법은 특히 온라인 쇼핑몰, 앱스토어, 숙박 예약 플랫폼 등 소수의 대형 플랫폼이 거래 조건을 일방적으로 설정함에 따라 발생하는 거래 불균형을 시정하기 위한 목적으로 마련되었다. 이에 따라 일정 기준 이상의 대규모 플랫폼 사업자는 서비스 이용 약관의 사전 공지 및 변경 사유 명시, 거래 상대방(판매자)에게 데이터 수집·이용·공개 방식에 대한 명확한 설명, 계약 종료나 제한 조치의 사전 통지 등을 이행해야 한다.

디지털플랫폼법에 따르면 특정 디지털 플랫폼 제공자는 공표된 평가 결과를 바탕으로 해당 플랫폼의 투명성과 공정성의 자율적 향상을 위해 노력하여야 한다(제9조 제6항).

글로벌 경쟁법의 융합과 AI 규제의 법제화

국가 간 경쟁법의 접근 방식은 여전히 상이하지만 AI 및 데이터 기반 시장 구조에 대응하기 위한 공통적 흐름이 나타나고 있다.

첫째, 알고리즘 담합, 자사 우대, 데이터 봉쇄 등의 행위는 공통적으로 반경쟁적 행위로 간주되며, 플랫폼의 투명성 확보와 상호 운용성 제고가 주요 정책 목표로 설정되고 있다.

둘째, 데이터 이동성, 설명 가능한 AI, 알고리즘 감사 등 새로운 기술 규범이 경쟁법적 규율과 결합되면서 법적 해석의 외연이 확장되고 있다.

향후에는 글로벌 차원의 조화와 상호 인정을 위한 논의가 요구되며, 특히 기술적으로 고도화된 시장에서 경쟁법이 실효성을 갖기 위해서는 기술 전문성과 규제 유연성을 함께 갖춘 통합적 법 정책이 필요하다.

참고문헌

강태욱 외(2025.3.31). “EU 데이터법(The Data Act) 시행 임박, 글로벌 기업이 알아야 할 핵심 포인트와 대응 전략”. 《법률신문》. https://www.lawtimes.co.kr/LawFirm-NewsLetter/206767

손영화(2022). “EU AI 규칙안상의 허용할 수 없는 위험의 AI 시스템에 대한 고찰”. 《법학연구》, 42(1), 275~315쪽.

손영화(2024). “EU AI Act의 입법배경과 도입철학에 대한 검토”. 《IP & Data 法》, 4(2), 111~149쪽.

양지원(2024). “EU 온라인 플랫폼 규제 – 디지털시장법(DMA)의 주요 내용과 쟁점- ”. 《유럽연구》, 42(1), 49~80쪽.

中华人民共和工业和信息化部(2023.8.30.). “生成式人工智能服务管理暂行办法”. https://wap.miit.gov.cn/gyhxxhb/jgsj/cyzcyfgs/bmgz/xxtxl/art/2023/art_4248f433b62143d8a0222a7db8873822.html

経済産業省(2024.2.2).

“特定デジタルプラットフォームの透明性及び公正性についての評価(総合物販オンラインモール、アプリストア及びデジタル広告分野)”.

Federal Trade Commission(2023.9.26.). “FTC Sues Amazon for Illegally Maintaining Monopoly Power: Amazon's ongoing pattern of illegal conduct blocks competition, allowing it to wield monopoly power to inflate prices, degrade quality, and stifle innovation for consumers and businesses”. https://www.ftc.gov/news-events/news/press-releases/2023/09/ftc-sues-amazon-illegally-maintaining-monopoly-power

07
AI 규제

AI 기술, 특히 생성형 AI의 급속한 발전은 경제적 기회와 동시에 심대한 법적 · 사회적 도전을 동반하고 있다. 이에 따라 미국과 유럽 연합을 중심으로 AI에 대한 규제 논의가 활발히 진행 중이며, 이는 기술의 안전성과 책임성을 확보하는 동시에 인간의 기본권과 시장 경쟁 질서를 보호하려는 규범적 시도라 할 수 있다. AI 규제의 필요성과 주요 국가의 입법 · 정책 동향, 그리고 생성형 AI가 제기하는 새로운 문제들을 중심으로 고찰한다.

AI와 애니메이션?

AI 규제의 필요성과 주요 원칙

AI 기술은 인간의 인지 · 판단 기능을 모방하거나 대체하는 고도화된 기술로 의료, 금융, 교육, 국방 등 거의 모든 산업 분야에 통합되고 있다. 특히 최근 챗지피티(ChatGPT) 등의 생성형 AI는 자연어 생성, 이미지 및 영상 생성, 코드 작성 등 인간 고유의 창의적 영역까지 침범하며 급속히 확산되고 있다. 그러나 이러한 기술은 근본적으로 학습 데이터의 편향성, 결정 과정의 불투명성, 오류 가능성 등 내재적 불확실성을 수반하므로 적절한 규제가 결여될 경우 심각한 사회적 · 법적 문제를 야기할 수 있다.

AI 규제의 필요성

AI의 위험은 기술적 결함뿐 아니라 사회적 맥락과도 밀접하게 관련되어 있다. 예컨대, 생성형 AI가 생성한 텍스트나 이미지는 그럴듯해 보일 수 있으나, 실제로는 사실과 전혀 다른 정보를 기반으로 하여 허위 정보를 양산할 위험이 크다. 이는 정치적 조작, 금융 사기, 인격권 침해 등 다양한 위험으로 이어질 수 있다. 또한 AI 시스템이 특정 집단에 불리한 판단을 반복적으로 내리는 경우, 차별적 결과를 낳을 수 있으며, 이는 헌법적 평등권 및 기본권 침해로 직결된다.

EU의 AI 법(AI Act)은 고위험 AI에 대한 사전 인증 제도를 통해 이러한 문제를 구조적으로 억제하려고 시도하고 있다. 반면, 미국은 상대적으로 분권화된 규제 체계를 갖고 있다. 바이든 행정부는 2023년 AI 권리 장전 청사진을 발표하며 프라이버시, 알고리즘 차별 방지, 인간 개입 보장 등 기본 원칙을 천명하였다.

생성형 AI에 따른 새로운 규제 쟁점

생성형 AI는 기존의 결정 기반 AI와 달리 학습 데이터에 존재하지 않던 새로운 콘텐츠를 생성한다는 점에서 기존 법·제도의 공백을 드러낸다. 대표적인 쟁점은 다음과 같다. 첫째, 법적 책임 귀속의 불분명성이다. 생성형 AI가 자율적으로 작성한 콘텐츠에 오류가 있거나 타인의 권리를 침해할 경우, 그 책임이 개발자, 사용자, 플랫폼 중 누구에게 있는지를 명확히 하기 어렵다.

둘째, 저작권 침해 문제다. 생성형 AI는 학습 데이터로부터 학습된 창작물을 바탕으로 새로운 콘텐츠를 만들어 내는데, 이 과정에서 원저작물의 저작권을 침해할 소지가 있다.

셋째, 허위 정보 및 AI 조작 위험이다. 생성형 AI는 정교한 허위 정보(딥페이크 포함)를 대량으로 생성할 수 있어 사회적 혼란을 야기하거나 선거 · 여론 조작 수단으로 악용될 수 있다.

이러한 점에서 생성형 AI에 대한 규제는 단순한 기술 규제를 넘어 표현의 자유, 창작의 자유, 알 권리, 공정 경쟁 등 다양한 헌법적 가치들과 충돌할 수 있으며, 보다 정교하고 균형 잡힌 접근이 요구된다.

AI 규제 설계의 핵심 원칙

AI 규제는 혁신을 저해하지 않으면서도 사회적 위험을 최소화하기 위해 다음과 같은 원칙을 기반으로 설계되어야 한다.

안전성과 신뢰성: AI는 예측 가능하고 오류 가능성이 낮아야 하며, 시스템의 작동 과정과 결과가 신뢰 가능해야 한다. 이는 특히 자율 주행차, 의료 진단 시스템 등 생명과 직결되는 분야에서 핵심 원칙이다.

인간 중심성과 투명성: AI 시스템은 인간의 감독과 통제 가능성을 전제로 설계되어야 하며, 사용자는 AI의 작동 방식을 이해할 수 있어야 한다(human in the loop 원칙). 이는 AI 결정에 대한 신뢰를 높이는 전제 조건이다.

설명 가능성과 책임 귀속: AI의 결정이나 추천이 어떠한 논리에 의해 이루어졌는지를 설명할 수 있어야 하며, 이에 대한 법적 책임 주체가 명확히 규정되어야 한다. EU의 AI 법은 이를 위해 고위험 AI에 대해 투명성 및 설명 가능성 요건을 명시하고 있다.

차별 방지와 공정성: AI는 특정 집단에 대한 편향된 결과를 초래해서는 안 되며, 입력 데이터와 학습 알고리즘 단계에서 편향성 제거를 위한 적극적 조치가 필요하다. 미국의 AI 권리 장전은 '알고리즘 차별 방지'를 핵심 요소로 포함하고 있다.

경쟁 촉진과 시장 접근성: 특정 소수 대기업에 의한 AI 기술 및 데이터 독점은 혁신 저해 및 시장 왜곡으로 이어질 수 있다. EU의 DMA는 AI 플랫폼이 데이터를 폐쇄적으로 운용하거나 자사 서비스를 우대하는 행위를 제한함으로써 시장 내 공정한 경쟁을 보장하고 있다.

미국: 민간 중심의 자율 규제와 연방 차원의 규범화 시도

미국은 오픈 AI, 구글, 메타, 마이크로소프트 등 세계적으로 선도적인 AI 개발 기업들이 집중된 국가로 그동안 혁신 주도형 시장 원칙에 따라 민간 중심의 자율적 규제를 기본으로 삼아 왔다. 이로 인해 연방 차원의 일관된 법제는 부재한 상태였으나 AI 기술이 사회 전반에 미치는 영향이 가시화되고, 생성형 AI에 따른 허위 정보 확산, 알고리즘 차별, 프라이버시 침해 등이 현실적 위협으로 부상함에 따라 규범화 논의가 본격화되었다.

2023년 10월, 바이든 대통령은 안전하고 신뢰할 수 있는 AI에 관한 행정 명령(Executive Order 14110: Executive Order on the Safe, Secure, and Trustworthy Development and Use of Artificial Intelligence)을 발령하였다. 이 행정 명령은 미국 최초의 포괄적 연방 AI 규제 프레임워크였다. 그러나 2025년 1월 23일, 트럼프 행정부는 새로운 행정 명령(Executive Order 14179: Removing Barriers to American Leadership in Artificial Intelligence)을 통해 행정 명령 제14110호 관련 조치를 재검토하고 불필요한 규제를 폐기했으며, 대신 민간 주도의 AI 경쟁력 강화 계획 수립을 지시했다.

2023년 바이든의 행정 명령 제14110호의 주된 내용

행정 명령 제14110호는 다음과 같은 다층적 규율 방안을 포함하고 있다.

고위험 AI 시스템의 사전 테스트 및 평가 의무화: 고위험

AI(예: 생명 · 안전 관련 시스템, 비판적 인프라 운영 등)에 대해 연방 기관이 사전에 안전성, 보안성, 공정성 측면에서 검증을 실시하고, 투명한 보고 체계를 마련하도록 하였다.

알고리즘 감사 및 투명성 기준 마련: 연방 기관 및 계약 업체에 대해 알고리즘의 설계 목적, 작동 방식, 데이터 입력 구조에 대한 설명 가능성과 감사를 요구하며, 알고리즘이 차별을 유발하거나 개인 정보를 침해하는지를 점검할 것을 명시하였다.

프라이버시 보호 및 개인 정보 최소화 기술 촉진: AI 훈련 데이터에 사용되는 개인 정보의 수집 · 이용을 엄격히 제한하며, 연방 정부는 개인 정보 보호 강화 기술(PETs: Privacy-Enhancing Technologies)의 연구와 민간 확산을 촉진하도록 하였다.

노동 시장 및 소비자 보호 조치 강화: AI가 자동화 및 노동 시장 재편에 미치는 영향을 점검하고, 실직 방지 및 교육 훈련 확대를 위한 대응 방안을 마련하도록 하였다. 아울러 소비자 기만 및 허위 정보 생성 위험에 대한 책임 메커니즘도 언급하였다.

미국 연방거래위원회의 AI에 대한 기존 법률의 적용 가능성 적극 검토: 미국 연방거래위원회는 더불어 AI에 대한 기존 법률의 적용 가능성을 적극 검토하고 있다. FTC는 AI가 소비자를 오도하거나, 기만적으로 데이터를 수집하거나, 경쟁을 제한하는 방식으로 작동할 경우, 기존의 연방거래위원회법, 공정신용보고법(FCRA), 아동온라인개인정보보호법(COPPA) 등을 활용하여 제재할 수 있다고 천명하였다.

2025년 트럼프의 행정 명령 제14119호의 주된 내용

다음은 행정 명령 제14179호의 주된 내용이다.

기존 규제 철회 및 혁신 장애 해소: 트럼프의 행정 명령 제14179호는 바이든 행정부(2023년)의 행정 명령 제14110호(AI의 안전하고 신뢰할 수 있는 개발 및 사용)과 이와 연계된 OMB 지침(M-24-10, M-24-18), 관련 연방 기관의 내부 정책 등을 전면 철회 또는 재검토 대상으로 지정했다. 트럼프 행정부는 이를 통해 민간 중심의 AI 경쟁력 강화, 규제 부담 완화, 기술 주도성을 위한 정책 전환을 선언했다.

AI 국가 전략(AI Action Plan) 수립: 과학기술정책 부통령 보좌관(APST), AI · 암호화폐 특별보좌관, 국가 안보 보좌관이 협력하여 180일 이내에 목표 달성 계획을 마련하도록 지시했다. 정책 방향은 미국의 글로벌 AI 주도권 유지, 경제 · 보안 · 사회적 가치 증진을 중심으로 구성된다.

정부 AI 사용 지침 전면 재정비: OMB 지침 M-24-10 및 M-24-18은 발효 후 60일 이내에 현 행정 명령 취지에 부합하도록 수정하도록 지시되었다.

그 밖의 AI 관련 동향

2024년에는 FTC가 특정 생성형 AI 개발사가 무단으로 크롤링을 한 웹 데이터 및 이용자 개인 정보를 훈련 데이터로 사용한 정황을 포착하고, 소비자 기만 행위로 간주해 조사에 착수하였다. 이 사건은 향후 AI의 훈련 데이터 수집 및 활용에 대한 법적 기준 수립의 시금석이 될 것으로 평가받는다.

아울러 미국 국립표준기술연구소(NIST)는 신뢰할 수 있는 AI 개발을 위한 프레임워크(AI RMF, 2023)를 제정하여 민간 기업들이 자율적 기준에 따라 위험을 평가 · 완화할 수 있도록 안내하고 있다. 이 프레임워크는 설명가능성, 견고성, 공정성, 책임성 등 AI 거버넌스 핵심 요소를 포함하며, 연방 정부 조달과 인증 기준에도 영향을 주고 있다. AI RMF는 자율적 적용을 전제로 하지만 사실상 미국 정부와 다수 기업·표준 기관에서 권위 있는 기준으로 현재에도 활용되고 있다. NIST는 "살아 있는 문서"라고 명시하며, 기술 변화에 맞춰 지속적인 업데이트를 약속하고 있다.

이처럼 미국은 분권화된 규제 체계 속에서도 점차 연방 차원의 윤리·법적 기준을 수립하며, 민간 주도의 혁신과 공공의 안전 사이의 균형을 추구하는 방향으로 전환 중이다. 생성형 AI의 급속한 확산에 따라 향후 연방의회 차원의 입법(예: Algorithmic Accountability Act, AI Policy Act 등)도 본격 추진될 가능성이 높다.

EU: 포괄적 규제 체계 구축과 위험 기반 접근법

EU는 세계 최초로 인공지능에 대한 종합 입법을 추진한 규범 선도 지역으로, 2024년 3월 AI 법이 정식 채택되면서 AI 규제에 있어 실질적인 글로벌 기준을 마련하였다. AI 법은 기존의 개인정보보호법, 디지털시장법, 디지털서비스법과 함께 EU의 디지털 규제 4대 축을 구성하며, 특히 AI의 위험성에 따라 차등적인 의무를 부과하는 위험 기반 접근 방식을 채택한 것이 핵심적 특징이다.

AI Act는 AI 시스템을 허용된 위험 없음(무위험), 제한적 위험, 고위험, 금지된 시스템의 네 가지 위험 등급으로 분류하고 있으며, 그에 따라 다음과 같은 규제를 부과하고 있다.

고위험 AI 시스템(high-risk AI systems)

사회의 핵심 영역에서 인공지능이 오류를 범할 경우 심각한 영향을 미칠 수 있는 분야, 예를 들어 생체 인증, 의료 진단, 신용 평가, 고용 결정, 공공 안전, 사법 행정 등에 활용되는 AI 시스템은 사전적 데이터 관리, 위험 평가 및 완화 조치, 투명성 · 설명 가능성 확보, 인간 감독의 의무화, CE 인증 및 적합성 평가 절차 등 광범위한 규제를 이행해야 한다.

특히 고위험 시스템을 개발 · 배포하는 기업은 사용 매뉴얼, 의사 결정 이력 기록, 알고리즘 설명 자료 등을 사전 등록하고, 일정 주기마다 리스크 점검 보고서를 제출해야 한다.

금지된 AI 시스템(prohibited AI practices)

개인의 자유와 존엄을 침해할 수 있는 다음의 AI는 EU 내에서 전면 사용 금지된다.

(i) 무의식적 행동 조작(subliminal manipulation) 시스템

(ii) 사회적 신용 점수화(social scoring)

(iii) 실시간 원격 생체 감시 시스템(real-time remote biometric surveillance)

다만, 매우 예외적인 경우(예: 테러 방지 목적의 공공 감시)는 고도의 법적 절차와 공공 기관 감독하에서 제한적으로 허용된다.

생성형 AI에 대한 특별 규제

생성형 AI에 대해서는 일반 규정 외에 특정 조항이 추가되었다. GPT 계열, 구글 제미나이(Gemini), 메타 라마(LLaMA) 등 기반 모델(Foundation Models) 또는 범용 목적 AI(GPAI, General-Purpose AI) 개발자는 다음과 같은 의무를 부담한다.

(i) 학습 데이터의 출처 공개 및 저작권 보호 조치

(ii) 출력물 생성 시 AI 생성 사실 명시(딥페이크 및 자동 기사 포함)

(iii) 모델 설계, 구조, 학습 방식에 대한 기술 문서화 및 EU 기관 제출

특히 텍스트 · 음성 · 이미지 생성을 통한 허위 정보 유통, 자동 정치 콘텐츠 생성, 온라인 여론 조작 등에 대한 규제 목적이 강하게 반영되어 있으며, 이는 DSA와의 상호 보완적 관계 속에서 해석된다.

규제의 보완 체계와 상호 작용

AI Act는 GDPR과 연계하여 개인 정보 처리의 정당성, 자동화된 의사 결정에 대한 정보 주체 권리(GDPR 제22조)와 통합 적용되며, DMA · DSA와 함께 플랫폼의 책임성 강화, 자사 우대 방지, 디지털 시장의 공정성 제고를 함께 추구한다.

예컨대 플랫폼 사업자가 자사의 AI 추천 알고리즘을 통해 경쟁자를 배제하거나 콘텐츠 노출을 차별적으로 조정하는 경우, 이는 AI Act와 DMA 모두에 따라 규제될 수 있다.

집행 구조와 감독 메커니즘

법 집행은 각국 지정 기관과 유럽 인공지능위원회(European AI Board)가 중심이 되며, 고위험 시스템에 대해서는 사전 신고 및 감독, 기타 시스템은 사후 감독과 감독 기관 지정 체계가 적용된다.

위반 시에는 연간 글로벌 매출의 최대 7%에 해당하는 과징금이 부과될 수 있다(GDPR보다 상한이 더 높음).

EU의 AI 규제 체계는 단순한 기술 안전성 확보를 넘어, 디지털 시장의 공정성과 인간 중심적 기술 구현을 위한 거버넌스 체계로 기능하고 있으며, AI 기반 산업 혁신과 기본권 보호 간 균형을 모색하는 시도라는 평가를 받고 있다. 또한 이러한 규범적 모델은 국제표준화기구(ISO/IEC), OECD AI 권고, 미국의 AI 정책 등에도 간접적으로 영향을 미치고 있다. EU의 AI Act는 국제 규범 수출(regulatory export)의 대표 사례로 주목받고 있다.

생성형 AI가 제기하는 새로운 규제 과제

생성형 AI는 기존의 규제 범위를 넘는 복합적 문제를 야기하고 있다. 첫째, 저작권 침해 문제이다. 대규모 언어 모델은 공공 웹사이트, 블로그, 소설 등 다양한 저작물을 학습 데이터로 활용하지만, 이에 대한 적법한 라이선스 확보 여부가 불명확하다. 또한, 이른바 '공정 이용(fair use)'의 대상이 되는지도 불명확하다. 미국과 EU에서 진행 중인 관련 소송은 생성형 AI가 창작물의 정당한 이용자인지, 아니면 저작권 침해자인지를 가를 중대한 기준이 될 전망이다.

둘째, 허위 정보 및 조작 위험이다. AI는 현실적인 이미지, 음성, 영상까지 생성할 수 있어 딥페이크 기술과 결합될 경우 선거, 금융 시장, 사회 안정에 심대한 위협이 된다. 이에 따라 생성형 콘텐츠에 대한 진위 식별 기술(marking/watermarking)과 법적 고지 의무가 국제적으로 논의되고 있다.

셋째, 책임 귀속 문제다. AI가 생성한 결과물에 의해 인격권 침해나 명예 훼손, 재산상 손해가 발생했을 때, 모델 개발자, 서비스 제공자, 사용자 중 누구에게 법적 책임을 묻는지가 불분명하다. 특히 LLM의 비결정성과 자율성은 전통적 책임 법리를 흔들고 있으며, 이에 따라 EU는 AI 책임 지침(AI Liability Directive) 제정을 병행하여 피해자의 입증 부담을 완화하려는 방안을 추진 중이다.

AI 기술, 특히 생성형 AI의 발전은 법 제도의 유연한 대응을 요구한다. 기술 혁신을 저해하지 않으면서도 인간 중심의 신뢰 가능한 AI 생태계를 구현하기 위해서는 위험 기반 규제, 윤리 원칙의 법제화, 국제적 규범 조화가 핵심 과제로 떠오르고 있다. 미국과 EU의 정책은 이러한 흐름을 선도하고 있는데, 우리나라의 입법 및 법 해석에 중대한 시사점을 제공하고 있다.

참고문헌

손영화(2022). "EU AI 규칙안상의 허용할 수 없는 위험의 AI 시스템에 대한 고찰". 《법학연구》, 42(1), 275~315쪽.

손영화(2023). "생성형 AI에 의한 창작물과 저작권". 《법과 정책연구》, 23(3), 357~389쪽.

손영화(2024). "EU AI Act의 입법배경과 도입철학에 대한 검토". 《IP & Data 法》, 4(2), 111~149쪽.

손영화·손수진(2019), "EU 일반데이터보호규정(GDPR)에 대한 우리나라 기업의 대응방안". 《비교사법》, 26(1), 413~452쪽.

정병일(2022.10.5). "美, AI 권리장전 청사진 공개". 《AI TIMES》. https://www.aitimes.com/news/articleView.html?idxno=147141

小林和馬(2025). "EU における AI 規制法にみる日本におけるAIに対する法制度体系のあり方の検討". *中央学院大学商経論叢*, *39*(2), pp.23~28.

The White House(2023.10.30). "FACT SHEET: President Biden Issues Executive Order on Safe, Secure, and Trustworthy Artificial Intelligence". https://bidenwhitehouse.archives.gov/briefing-room/statements-releases/2023/10/30/fact-sheet-president-biden-issues-executive-order-on-safe-secure-and-trustworthy-artificial-intelligence/

The White House(2025.1.23). "REMOVING BARRIERS TO AMERICAN LEADERSHIP IN ARTIFICIAL INTELLIGENCE". https://www.whitehouse.gov/presidential-actions/2025/01/removing-barriers-to-american-leadership-in-artificial-intelligence/

08
AI 시장에서의 공정 경쟁 촉진 방안

AI 기술의 급속한 발전과 데이터 경제의 확대는 시장 지형을 근본적으로 변화시키고 있으며, 이에 따라 새로운 형태의 경쟁 제한 행위가 출현하고 있다. 특히, 생성형 AI와 알고리즘 기반 서비스는 기존의 경쟁법 체계로는 포착하기 어려운 방식으로 시장 지배력 강화, 가격 담합, 데이터 독점 등의 문제를 유발하고 있다. 이러한 상황에서 미국, EU, OECD 등 주요 국제기구 및 선진국들은 AI 시장에서의 공정 경쟁 촉진을 위한 다양한 제도적 장치를 마련하고 있다.

AI와 인재 채용?

AI의 공정 촉진 기능과 경쟁 저해 기능

AI는 정보 처리의 효율성과 정밀성을 극대화함으로써 소비자 맞춤형 서비스 제공, 생산성 향상, 운영비 절감 등 다양한 방식으로 시장의 효율성을 제고하고 소비자 후생을 증대시킬 수 있는 잠재력을 지닌 기술이다. 예컨대 AI 기반의 수요 예측, 자동화된 재고 관리, 고객 맞춤 광고 추천 시스템 등은 공급자와 소비자 간 정보 격차를 줄이고, 시장 내 자원 배분의 정밀도를 높이는 효과를 낸다. 또한 기존의 불완전 경쟁 구조나 정보 비대칭에 기초한 불공정한 거래를 해소할 수 있는 수단으로도 활용될 수 있으며, 특히 중소기업에게는 기술을 통해 대형 플랫폼과의 경쟁 격차를 완화할 기회를 제공할 수 있다.

그러나 이러한 긍정적 기능과 동시에 AI는 시장 경쟁을 왜곡할 수 있는 구조적 특성도 내포하고 있다. 첫째, AI 알고리즘이 시장 데이터를 학습하여 최적 가격을 자동적으로 산출하는 과정에서 여러 기업이 동일하거나 유사한 알고리즘을 사용할 경우 명시적 합의 없이도 결과적으로 가격 담합과 유사한 결과가 초래될 수 있다. 이른바 '자율적 알고리즘 담합'은 전통적인 경쟁법이 전제하는 '의사 합치' 개념과 괴리를 이루기 때문에 규제 공백을 발생시킨다.

둘째, AI는 정보의 수집과 분석을 통해 특정 소비자 집단을 정밀하게 식별하고, 이들에게 차별화된 조건을 적용함으로써 가격 차별이나 차별적 서비스 제공을 구조적으로 가능하게 만든다. 이는 특히 플랫폼이 시장 지배적 지위를 보유한 경우, 특정 이용자에게 불리한 가격을 책정하거나 거래 기회를 제한하는 '알고리즘 차별'로 이어질 수 있다.

셋째, AI는 '네트워크 효과'를 더욱 심화시켜 시장의 집중화와 폐쇄성을 강화할 수 있다. 추천 알고리즘과 검색 결과는 플랫폼 내에서 자사 제품이나 특정 파트너를 반복적으로 노출시키는 방식으로 설계될 수 있으며, 이는 결과적으로 후발 경쟁자의 진입을 차단하고 경쟁을 저해하는 효과를 낳는다. 이러한 현상은 특히 디지털 광고 시장, 전자 상거래 플랫폼, 검색 서비스 등에서 두드러진다.

넷째, 생성형 AI는 텍스트, 이미지, 음성, 영상 등을 자율적으로 생성하는 과정에서 저작권 침해, 허위 정보 확산(딥페이크 및 가짜 뉴스), 소비자 혼란 유발 등의 사회적 문제를 야기할 수 있으며, 이는 공정한 시장 질서 유지에 위협이 된다. 생성형 AI의 출력물이 기존 창작물과 유사하거나 이를 모방하는 경우, 해당 콘텐츠의 유통이 기존 사업자의 시장 지위를 불공정하게 위협하거나 지식 재산권 체계를 무력화시킬 수 있다.

AI는 시장 내 정보의 활용 및 처리를 가속화하는 기술이지만 그 결과로서 나타나는 '경쟁 중립성'의 훼손은 새로운 형태의 시장 집중과 불공정 경쟁을 초래할 수 있다. 따라서 AI의 공정 촉진 기능을 온전히 실현하기 위해서는 경쟁을 저해할 수 있는 메커니즘에 대한 기술적 이해를 전제로 한 제도적 대응과 규제적 감시가 병행되어야 한다.

OECD를 중심으로 한 AI 규제 규범의 발전

AI의 급속한 발전과 이에 따른 시장 구조 변화에 대응하기 위해 OECD는 가장 선도적인 국제기구 중 하나로서 AI 규제와 경쟁 정책 간의 연계에 대한 논의를 주도해 왔다. 2017년 발표된 "알고리즘과 담합: 디지털 시대의 경쟁 정책(Algorithms and Collusion: Competition Policy in the Digital Age)" 보고서는 자율화된 알고리즘이 야기할 수 있는 시장 왜곡 가능성, 특히 가격 설정의 자동화, 데이터의 집중화, 알고리즘의 상호 작용을 통한 비공식적 담합 현상 등에 대해 경고한 바 있다. 이 보고서는 알고리즘의 사용이 '의사 합치 없는 담합'을 가능하게 하며, 기존 경쟁법의 해석 · 적용 방식에 중대한 도전을 제기한다고 평가하였다. 이에 따라 보고서는 규제 당국이 기술 전문가를 보유하고 알고리즘 분석 역량을 강화해야 하며, 투명성과 책임성을 제고하는 글로벌 공통의 원칙 정립이 필요하다고 강조하였다.

이후 OECD는 2019년 OECD AI 권고안(OECD Principles on Artificial Intelligence)을 통해 AI에 대한 최초의 다자간 정부 권고를 제정하였다. 이 권고안은 인간 중심의 가치 존중, 공정성과 차별 방지, 투명성과 설명 가능성, 견고하고 안전한 시스템 설계, 책임성과 책무성 등의 5가지 핵심 원칙을 제시하며, AI 정책 수립 및 법제화의 공통 기준으로 기능하고 있다. 이 권고안은 G20 정상 회의에서도 채택되어 국제적 차원의 규범화 기반을 확장하였다.

또한 2020년 이후에는 G7, G20, 그리고 AI 글로벌 파트너십 등이 OECD 권고안을 기초로 하여 AI 기술의 신뢰성, 위험 기반 접근, 공공 목적에 부합하는 활용 촉진 등의 방향에서 정책 협력을 강화하고 있다. GPAI는 특히 AI가 초래할 수 있는 경쟁 왜곡, 사회적 편향, 노동 시장 변화 등의 영향을 평가하고, 각국의 규제 공백을 메우기 위한 공동 지침과 실무 협력안을 발표하고 있다.

이와 같은 국제 규범은 각국 경쟁당국의 정책에 실질적인 영향을 미치고 있다. 예컨대, EU의 AI 법 및 디지털 시장법은 OECD와 GPAI의 원칙을 반영하여 위험 수준에 따른 차등적 규제, 알고리즘 투명성 확보, 고위험 AI의 사전 승인 제도 등을 도입하고 있다. 2023년 미국 역시 바이든 행정부의 AI 행정 명령(Executive Order on Safe, Secure, and Trustworthy AI)에서 OECD 원칙을 정책 프레임워크의 기준으로 삼고 있으며, 연방거래위원회는 AI 기술에 대한 법 적용의 공정성과 비차별성 원칙을 강조하고 있다.

OECD를 중심으로 한 AI 규제 규범은 기술 중립성, 시장 공정성, 기본권 보호라는 다층적 목표를 조화시키며 경쟁법·소비자보호법·데이터법 등 다양한 분야의 법제에 통합적으로 영향을 미치고 있다. 이러한 국제적 규범 형성은 각국의 개별 입법이 상호 충돌하지 않고, 글로벌 AI 시장에서의 공정 경쟁을 촉진하는 기반으로 기능하고 있다.

각 사례별 규제 태도의 비교

알고리즘 담합에 대한 대응

알고리즘 담합은 전통적인 경쟁법 이론에서 예외적으로 다루기 어려운 새로운 유형의 반경쟁적 행위로 부각되고 있다. 이는 기업 간 명시적 합의가 없는 경우에도 각 기업이 사용하는 AI 또는 가격 설정 알고리즘의 상호 작용을 통해 결과적으로 가격 고정이나 담합에 준하는 효과를 야기하는 경우를 의미한다. 이러한 담합은 '의사 합치 없는 담합(tacit collusion without communication)' 또는 '의도하지 않은 합리적 기대 알고리즘(collusion by design or learning)'으로도 불리며, 기존 법적 기준에 비해 탐지 및 입증이 어렵다는 특성을 지닌다.

미국

미국에서는 대표적으로 2023년 연방거래위원회가 아마존 사건에서 문제를 제기하였다. 연방거래위원회는 아마존이 내부 알고리즘 네시를 이용하여 자사 플랫폼 내 제3자 판매자들이 일정 가격 이하로 제품을 판매하지 못하게 강제하고, 이를 통해 전체 시장 가격을 인위적으로 끌어올렸다고 판단하였다. 이 사건은 알고리즘이 특정 시장 행위(가격 유지)를 유도하고 통제하는 방식으로 작동한 첫 사례 중 하나로, 알고리즘 사용의 법적 책임 귀속 가능성을 시사하였다.

EU

EU에서는 유사하게 Eturas 사건(CJEU C-74/14)이 주목을 받았다. 이 사건에서 리투아니아의 여행 플랫폼 사업자가 모든 입점 여행사에게 자동화된 소프트웨어 업데이트를 통해 일정 할인율 제한(0%에서 3% 사이)을 통지하고 적용하였다. 리투아니아 경쟁당국은 Eturas와 해당 여행사들이 기능 조약 제101조 제1항을 위반하는 공동행위에 참여했다고 판단하였다. 이에 대해 유럽사법 재판소(CJEU)는 판결에서 단순히 공지를 발송하고 기술적 제한을 가한 행위가 여행사들이 해당 공지를 알고 있었거나 알았어야 했다는 사실의 증거가 될 수 있으며, 해당 여행사들이 이에 명시적으로 반대하지 않은 경우, 공동행위에 참여한 책임을 질 수 있다고 판단하였다. 이 판결은 온라인 플랫폼의 관리와 참여가 경쟁법적 관점에서 위험이 따를 수 있으며, 이에 대해 능동적이고 주의 깊은 접근이 필요함을 환기시키는 중요한 사례다. 이는 디지털 환경에서 알고리즘 또는 시스템 설정 자체가 '의사 결정의 일치'를 구성할 수 있다는 법적 기준을 세운 판례로 평가된다.

일본

일본 역시 2021년 공정거래위원회(JFTC)가 발표한 "AI와 알고리즘 거래에 대한 경쟁 정책 보고서"에서 알고리즘이 자율적으로 타사 알고리즘의 반응을 학습·예측하여 가격을 조정하는 경우에도 암묵적 합의 또는 담합 가능성이 있다고 지적하였다. 이 보고서는 특히 강화 학습 기반 가격 설정 AI의 경우 반복적 상호 작용을 통해 담합적 결과를 초래할 수 있으며, 알고리즘 설계자와 사용자가 이에 대해 충분한 인식과 통제 방책을 마련해야 한다고 강조하였다.

이러한 상황에서 각국 경쟁당국은 다음과 같은 공통 대응 전략을 채택하고 있다.

(i) 기술 분석 역량 강화다. 알고리즘의 작동 원리, 데이터 흐름, 학습 구조를 이해할 수 있는 전담 기술 전문가 집단을 내부에 구성하여 심층 조사와 사전 감독을 가능하게 한다.
(ii) AI 투명성 및 감사 가능성 확보다. 기업에게 알고리즘 설계 기준, 데이터 입력 범위, 의사 결정 로직 등을 문서화하여 제출할 의무를 부과하고, 필요 시 독립적인 알고리즘 감사를 실시할 수 있도록 한다.

(iii) 사전적 감시 체계의 구축이다. AI의 사용에 있어 사후 적발 및 제재가 아닌 등록제 또는 고위험 알고리즘 사용의 사전 신고제 등을 도입하여 경쟁 제한적 결과가 사전에 방지되도록 하는 예방 중심의 규제 방식을 강화하고 있다.

알고리즘 담합 문제는 단순한 기술적 문제를 넘어, 기업의 시장 행위에 대한 인식 수준, 알고리즘 설계 책임, 투명성 기준 확립 등 복합적 과제를 포함하고 있다. 이에 따라 각국은 경쟁법의 해석을 확장함과 동시에 AI 시대에 맞는 새로운 입법적 · 제도적 틀을 모색하고 있다.

자사 우대와 플랫폼 중립성 강화

AI 추천 알고리즘을 통한 자사 우대 문제는 플랫폼 사업자가 시장 지배력을 남용하여 자사 상품이나 서비스를 경쟁사보다 우선적으로 노출시키는 방식으로 나타나며, 이는 플랫폼 생태계의 경쟁 질서를 심각하게 왜곡하는 대표적 사례로 지적된다. 특히 이러한 행위는 검색 결과, 앱 스토어 배치, 디지털 광고, 물류 우선순위 등 다양한 접점에서 나타날 수 있어 이용자 선택권의 침해와 시장 진입 장벽 상승으로 이어지는 부작용을 초래한다.

미국

미국에서는 Epic Games v. Apple 사건[Epic Games, Inc. v. Apple, Inc., No. 21-16506(9th Cir. 2023)]에 대해 애플이 앱 스토어 내에서 제3자 결제 방식을 제한하고 자사 결제 시스템만을 허용한 것이 경쟁을 저해할 수 있다는 연방 항소 법원의 판단이 내려진 바 있다. 비록 셔먼법 위반은 인정되지 않았으나 캘리포니아주법(UCL) 위반이 인정되어 Apple이 일정한 수정 명령을 받게 되었으며, 이는 플랫폼 내 자사 우대 문제에 대한 사법적 대응의 중요한 전환점이 되었다.

EU

EU에서는 대표적으로 유럽 일반 법원은 구글이 자사 가격 비교 서비스를 검색 결과 상단에 인위적으로 배치하고, 경쟁사 서비스는 불리한 위치에 배치한 것이 시장 지배적 지위 남용에 해당한다고 판단한 Google Shopping 사건(Case T-612/17)이 있었다. 이에 따라 EU 집행 위원회는 구글에 약 24억 유로의 과징금을 부과하고, 알고리즘 조정과 결과 배치의 투명성 제고를 요구하였다. 이후 2022년 디지털시장법의 제정으로, 소위 게이트 키퍼로 지정된 대형 플랫폼 사업자는 자사 우대 금지, 제3자 서비스 접근 보장, 데이터 혼용 금지, 호환성 확보 등의 의무를 부담하게 되었으며, 이는 AI 기반 플랫폼 운영의 공정성을 확보하기 위한 핵심 수단으로 기능하고 있다.

일본

일본은 2020년 제정된 특정 디지털 플랫폼 거래의 투명화 및 공정화에 관한 법률(약칭: '디지털플랫폼법')을 통해 대형 플랫폼 사업자에 대해 거래 조건, 알고리즘 운영 방식, 자사 추천 정책 등에 대한 설명 책임을 부과하였다. 일본 공정거래위원회는 이를 바탕으로 아마존 재팬과 라쿠텐(Rakuten) 등 주요 사업자에게 공정거래법과의 정합성 평가를 진행하며, 알고리즘 설계가 자사 서비스에 유리하게 작동하고 있는지 여부를 집중적으로 점검하고 있다.

이와 같은 각국의 입법 및 판례는 공통적으로 플랫폼의 AI 알고리즘 설계의 투명성, 설명 가능성, 중립성 확보를 제도적 과제로 부각시키고 있으며, 단순한 사후 제재를 넘어서 사전적 규제 및 구조적 시정 조치를 병행하고 있다. 특히 AI 시스템의 비가시성과 자동화 특성으로 인해 자사 우대 행위의 탐지와 입증이 어려운 현실을 고려할 때, 향후에는 알고리즘 감시 시스템 구축, 외부 감사 권한 확보, 코드 투명성 확보 의무화 등이 국제적 규범화 흐름 속에서 더욱 강조될 것으로 보인다.

데이터 접근 제한과 독점적 이용에 대한 규제

데이터는 인공지능 시장에서 경쟁의 핵심 자산이며, 알고리즘 성능과 서비스 혁신의 토대가 되는 원천 자원이다. 그러나 이처럼 중요한 데이터가 일부 대형 플랫폼에 집중되어 있는 현실은 공정한 시장 접근과 기술 혁신을 저해할 수 있는 구조적 문제를 야기한다. 특히 AI 시스템의 훈련 및 운영에 필수적인 대규모 사용자 데이터, 행동 로그, 거래 기록 등에 대한 접근이 제한될 경우, 신규 진입자나 중소사업자는 경쟁에서 본질적으로 불리한 위치에 놓이게 된다.

EU

EU는 이러한 데이터 독점 문제에 대응하기 위해 다양한 입법적 장치를 마련하고 있다. 디지털시장법 제6조 제9항은 게이트 키퍼로 지정된 플랫폼이 비즈니스 사용자 및 최종 이용자로부터 생성된 데이터에 대해 공정하고 비차별적인 접근을 보장할 의무를 규정하고 있다. 또한 데이터법은 2024년부터 본격 시행되고 있는데, IoT 기기 및 서비스 사용자로부터 생성된 데이터를 타 사업자에게 이전하거나 공유할 수 있도록 법적 권리를 부여하고 있다. 이 법은 데이터 보유자의 기술적 장벽 설치를 금지하고, 데이터 공유에 따른 공정한 대가 지급 원칙을 통해 데이터의 경제적 가치를 재조정하려는 목적을 지니고 있다.

중국

중국도 2021년 '플랫폼 경제 반독점 지침'을 통해 유사한 규제 방향을 제시하였다. 이 지침은 대형 플랫폼의 사용자 데이터 수집 · 이용 · 관리 방식이 경쟁을 저해하거나 차별적으로 작동할 경우, 시장 질서에 중대한 영향을 줄 수 있다고 명시하고 있다. 실제로 중국시장감독총국은 알리바바, 텐센트, 메이퇀 등의 플랫폼 사업자에게 알고리즘 작동 방식과 데이터 처리 프로토콜에 대한 자료 제출을 요구하며, 데이터 독점의 불투명성과 불공정성에 대한 감시를 강화하고 있다. 특히, 추천 알고리즘이 특정 업체에 유리하게 작동하거나 경쟁 사업자의 상품 노출 빈도를 조작할 수 있다는 우려가 제기됨에 따라 중국 당국은 데이터 기반 플랫폼 운영의 투명성과 책임성 강화를 입법 및 행정 지침으로 병행하고 있다.

우리나라

우리나라 역시 유사한 우려를 바탕으로 경쟁법 집행을 강화하고 있다. 2023년 공정거래위원회는 카카오모빌리티의 위치 정보 데이터 운영 방식에 대해 심사에 착수하였으며, 자회사에만 정보를 공유하고 경쟁 사업자에게는 배제하는 구조가 시장에서의 공정한 경쟁을 방해할 수 있음을 지적하였다. 공정위는 특히 데이터의 공유 여부가 사업자 간의 서비스 품질 차이에 결정적인 영향을 미칠 수 있으며, 이는 플랫폼의 지배력을 강화시키는 수단으로도 기능할 수 있다고 분석하였다.

이처럼 데이터 접근성 문제는 단순한 기술적 이슈를 넘어, 공정 경쟁의 핵심 요소로 작용하고 있다. 각국은 데이터 접근 제한 및 독점적 이용에 대한 법 제도적 대응을 강화하면서 시장 참여자 간의 경쟁 조건을 평등하게 보장하려는 움직임을 보이고 있다. 향후에는 데이터 이동성과 상호 운용성을 보장하는 법제 정비가 경쟁 촉진의 핵심 수단으로 기능할 것으로 예상된다.

생성형 AI의 허위 정보 방지 및 책임 귀속 강화

생성형 인공지능은 자연어 처리, 이미지 및 영상 생성, 코드 작성 등 고차원적 콘텐츠를 자동 생성하는 기능을 바탕으로 다양한 산업에 도입되고 있다. 그러나 이와 동시에 허위 정보의 무분별한 생산, 저작권 침해, 개인 정보 유출, 알고리즘 편향 등의 문제를 수반함으로써 기존 법제만으로는 충분히 대응하기 어려운 새로운 규제 과제를 제기하고 있다. 생성형 AI가 만들어 내는 콘텐츠는 인간이 작성한 것과 구별이 어려울 정도로 정교하며, 이러한 점에서 소비자의 인식을 오도하고, 공정한 시장 거래 질서를 왜곡할 수 있는 위험이 존재한다.

미국

미국에서는 연방거래위원회가 2023년 이후부터 생성형 AI에 의한 기만적 광고, 허위 주장, 소비자 혼란 유발 등에 대한 법적 책임 가능성을 경고해 왔다. 특히 2024년 연방거래위원회는 기업이 AI 모델을 학습시키는 과정에서 사용자 동의 없이 수집한 개인 정보를 활용한 사실이 드러날 경우, 이는 소비자 기만 행위로 간주될 수 있으며, 이에 대해 연방거래위원회법 및 공정광고법(Lanham Act) 등을 적용하여 제재할 수 있음을 분명히

하였다. 아울러 생성형 AI로 생성된 콘텐츠가 소비자 후생을 저해하거나 알고리즘 담합 등 반경쟁적 결과를 초래하는 경우, 반트러스트법(예: Sherman Act)의 적용 범위 안에서 처리될 수 있다는 점도 강조하였다.

EU

EU는 보다 포괄적인 입법 접근을 통해 생성형 AI에 대응하고 있다. 2024년 3월 정식 채택된 AI Act는 '범용 목적 AI'와 '고위험 AI 시스템'에 대한 명확한 규제 구조를 제시하면서 생성형 AI에 대해 별도의 조항을 두고 있다. 특히, 챗지피티, 제미나이, 클로드(Claude) 등 고성능 생성형 모델을 공급하는 기업에게는 다음과 같은 의무가 부과되어 있다.

> (i) 학습 데이터의 출처 및 저작권 상태의 투명한 공개, (ii) 딥페이크 및 AI 생성물 표시 의무, (iii) 자동 생성 콘텐츠에 대한 식별 수단 부착, (iv) 콘텐츠 왜곡 가능성에 대한 위험 관리 및 보완 설명 의무.

이는 허위 정보의 대량 확산을 사전에 차단하고, 생성형 AI 기술의 책임성과 시장 내 신뢰성을 제고하기 위한 조치이다. 특히 딥페이크는 선거 개입, 금융 사기, 성적 불법 콘텐츠 등 다양한 사회적 문제를 야기하고 있어 생성형 AI의 잠재적 위험에 대한 선제적 대응이 필수적이라는 인식이 EU 내에서 빠르게 확산되고 있다.

우리나라와 일본

한편, 우리나라와 일본에서도 유사한 규제 논의가 시작되고 있다. 일본 총무성 및 경제산업성은 생성형 AI의 위험 요인을 파악하고 자율규제 가이드라인을 검토하고 있다. 우리나라 정부는 2024년 'AI 윤리 기준 고도화 방안'을 발표하여, 생성형 AI로 인한 허위정보 유포와 관련한 법적 책임 소재를 명확히 할 필요성을 강조하였다.

국제적 조화와 규범 통합의 필요성

AI 시장은 국경을 초월하는 기술 생태계이므로 개별 국가의 경쟁 정책만으로는 충분하지 않다. OECD는 알고리즘 담합 관련 보고서(2017)를 통해 국제적 공동 대응의 필요성을 강조하였고, G7 및 G20 등에서는 AI 윤리 및 공정성 관련 글로벌 가이드라인 수립 논의가 진행 중이다. 향후에는 AI 시스템에 대한 사전적 영향 평가, 공정 경쟁 규범, 데이터 이동성과 접근권 보장, 생성형 AI

관련 글로벌 표준화 등이 주요 국제 정책 어젠다로 정착될 것이다.

결론적으로 AI 시장에서의 공정 경쟁을 촉진하기 위해서는 알고리즘과 데이터 구조에 대한 기술적 이해를 바탕으로 하는 법 집행 역량 강화, 플랫폼 책임성 확대, 데이터 개방성 제고, 생성형 AI의 책임 귀속 명확화 등 복합적 접근이 요구된다. 이러한 다층적 규율 체계는 기술 혁신과 시장 공정성을 균형 있게 달성하기 위한 핵심 조건이다.

참고문헌

최요섭(2024.12.6). “유럽연합 구글쇼핑 자사우대 사건 – 국내 경쟁법 집행과 경쟁정책에 주는 함의”. 《KISO저널》, 57, https://journal.kiso.or.kr/?p=12987

川島富士雄(2022). “中国におけるデジタルプラットフォーム事業者の規制強化 －独占禁止法を中心に－”. *RIETI Discussion Paper*, Series 22-J-009, pp.1~35.

公正取引委員会(2021.3.31). “(令和3年3月31日)デジタル市場における競争政策に関する研究会 報告書「アルゴリズム/AIと競争政策」について”. https://www.jftc.go.jp/houdou/pressrelease/2021/mar/210331_digital.html

王威駟(2022). “Ⅶ. プラットフォーム企業の競争法的規制:

EUにおける規制". 《比較法学》, 56(1), pp.102~111.
Bandt, P.(2016). "The Court of Justice sheds light on the finding of concerted practices in the framework of online platforms". https://www.debandt.eu/en/node/182
Federal Trade Commission(2023.9.26). "FTC Sues Amazon for Illegally Maintaining Monopoly Power". https://www.ftc.gov/news-events/news/press-releases/2023/09/ftc-sues-amazon-illegally-maintaining-monopoly-power
Lucente, K. et al.(2024.4.26). "US: The FTC Cracks Down on Sensitive Personal Information Disclosures". https://privacymatters.dlapiper.com/2024/04/us-the-ftc-cracks-down-on-sensitive-personal-information-disclosures/
Martinez, M. et al.(2023.7.28). "Ninth Circuit: Apple case leads to additional clarity on Section 1 claims". https://globalcompetitionreview.com/review/the-antitrust-review-of-the-americas/2024/article/ninth-circuit-apple-case-leads-additional-clarity-section-1-claims

09
AI 발전과 경쟁법의 미래

AI 기술의 발전은 생산성 향상과 소비자 편익 증대를 가능케 하지만, 동시에 기존의 경쟁법 질서에 중대한 도전 과제를 제기하고 있다. 특히 알고리즘 기반 가격 설정, 데이터 독점, 플랫폼의 자사 우대, 생성형 AI에 의한 허위 정보 유포 등은 전통적인 경쟁법 이론만으로는 충분히 규율하기 어렵다. 이에 각국은 경쟁법의 원칙을 재정립하고, AI의 기술적 특성과 결합된 새로운 집행 기준과 규범을 모색 중이다. AI 발전이 경쟁법에 미치는 영향을 분석하고, 미래 경쟁 정책의 재설계 방향을 제시하고자 한다.

AI와 기자?

AI 기술 발전이 경쟁 환경에 미치는 구조적 변화

AI는 대규모 데이터를 학습하여 의사 결정을 자동화함으로써 가격 책정, 수요 예측, 상품 추천, 재고 관리 등에서 인간의 판단을 대체하거나 보완하고 있다. 이러한 기술적 진보는 기업의 효율성과 소비자 맞춤 서비스를 강화하는 긍정적 효과를 가지는 한편, 경쟁 질서에 구조적 변화를 초래하고 있다. 우선, AI 개발과 운영에는 방대한 양의 고품질 데이터와 고성능 컴퓨팅 인프라가 필수적이기 때문에 이러한 자원을 보유한 소수의 대형 플랫폼 기업이 시장의 주도권을 확보하게 된다. 이에 따라 자원의 집중화가 심화되며, 후발 기업의 시장 진입이 점차 어려워지는 폐쇄적 생태계가 형성된다.

또한 AI 알고리즘은 사용자의 실시간 행동 데이터를 분석해 개별 소비자에 맞춘 맞춤형 가격을 제시하거나, 경쟁 업체의 가격 변동에 자동으로 반응함으로써 가격 변동성이 감소하고 가격 동조화 현상이 발생할 수 있다. 이는 전통적인 의미의 담합과는 다르지만 경쟁을 실질적으로 제한하는 결과를 초래할 수 있어 경쟁법상 새로운 규율 대상이 된다. 특히 자율적 학습 능력을 갖춘 AI는 기업 간 명시적 의사 결정 없이도 시장 내 조율된 결과를 가능케 하여 경쟁당국의 시장 감시 및 법 적용에 심각한 난제를 제기하고 있다.

이처럼 AI는 기존 경쟁 환경을 근본적으로 변화시키는 기술로서 경쟁 정책의 새로운 정립을 요구하고 있으며 단순한 감시·제재의 영역을 넘어선 능동적 정책 설계와 기술적 이해 기반의 규율 체계 구축이 필요하다.

기존 경쟁법 이론의 한계와 제도적 보완 필요성

현행 경쟁법은 주로 명시적 합의(cartel), 시장 지배적 지위의 남용, 기업 결합(M&A)에 의한 경쟁 제한 등 산업자본 중심 구조를 전제로 하는 법리 체계에 기반하고 있다. 그러나 AI가 개입된 시장 환경은 이 같은 기존 법리를 무력화하는 요소들을 다수 내포하고 있다. 우선, AI 알고리즘은 기업 간 의사 표시 없이도 상호 대응적 가격 설정을 가능케 하므로 담합 여부의 입증이 어렵고 책임 주체를 특정하기가 어렵다. 특히 알고리즘이 학습 과정에서 생성한 결정 구조가 블랙박스화되어 인간이 이해하거나 개입하기 어려운 경우가 많아 전통적인 법적 심사 방식으로는 위법성 판단에 어려움이 따른다.

또한 시장 지배력의 평가 역시 새로운 접근이 필요하다. AI와 데이터가 경쟁력의 핵심 자산이 된 상황에서 기존의 물리적 시장 기준이나 제품 범위만으로는 경쟁 제한 여부를 충분히 평가할 수 없다. 시장 획정(Market Definition) 자체가 모호해지고 있으며, 데이터 접근성, 알고리즘 성능, 플랫폼 이용자 기반 등 비전통적인 요소들이 시장 지배력 형성에 핵심적으로 작용하고 있다. 이로 인해 경쟁당국은 정량적 점유율 분석을 넘어서, 기술적 요소와 디지털 시장의 구조적 특징을 포괄하는 분석틀을 요구받고 있다.

이에 따라 각국은 제도적 보완 논의를 진행 중이다. EU는 DMA를 통해 게이트 키퍼 플랫폼의 자사 우대 행위를 금지하고 상호 운용성 확보를 의무화하였으며, 알고리즘 투명성과 데이터 접근권 보장을 위한 법적 장치를 강화하고 있다. 미국 연방거래위원회 또한 AI 기반 플랫폼의 반경쟁적 행위에 대해 기존 소비자보호법 및 경쟁법을 적용하며 법리를 확장하고 있다. 우리나라와 일본도 각각 '온라인플랫폼공정화법'과 '디지털플랫폼거래의투명화법'을 통해 기술 기반 경쟁 왜곡 행위에 대한 새로운 규율 체계를 구축하려 하고 있다.

이처럼 AI가 가져온 시장 구조의 변화는 기존 경쟁법 이론의 한계를 명확히 드러내며, 기술적 현실에 대응하는 새로운 경쟁법적 패러다임의 정립이 시급함을 보여 주고 있다.

주요국의 경쟁법 집행 변화

이하에서는 미국, EU, 영국, 일본 등 주요국의 경쟁법 집행 사례를 중심으로 AI 시대의 경쟁법의 집행 변화에 대해서 살펴보고자 한다.

미국

미국의 경우, FTC는 Amazon의 가격 설정 알고리즘을 통한 최소 가격 설정이 담합 가능성을 초래했다며 제재 절차에 착수하였고, Epic Games v. Apple 항소심(2023)에서도 폐쇄적 결제 시스템과 앱 배포 제한이 경쟁을 제한한다는 평가가 나왔다. FTC는 2024년 1월, 주요 클라우드 기업과 생성형 AI 기업 간의 투자 및 제휴 관계에 대해 광범위한 자료 제출을 요구하며 감시를 본격화하였고, "AI라고 해서 기존의 법 적용을 면제받을 수는 없다"는 입장을 공식화하였다. 또한 AI 관련 인수 합병이 기존 합병 규제 기준을 우회하거나 '말살 인수(killer acquisition)'가 될 가능성에 주목하여 마이크로소프트와 OpenAI 간 파트너십에 대해 조사에 착수하였다.

EU

EU는 Google Shopping 사건(T-612/17)에서 검색 알고리즘을 활용한 자사 우대를 위법한 시장 지배력 남용으로 판단한 이후, 플랫폼 기업에 대한 규율 강화를 위해 일련의 법 제도를 정비하였다. 특히 2022년 발효된 디지털시장법은 핵심 플랫폼 서비스를 제공하는 소위 '게이트 키퍼' 기업 예컨대, 알파벳(Alphabet), 아마존, 애플, 메타, 마이크로소프트 등에 대해 자사 서비스 우선순위 금지, 외부 서비스와의 상호 운용성 확보, 데이터 공유 의무 등을 부과하고 있다. 2024년 제정된 AI 법 역시 생성형 AI에 대해 투명성, 학습 데이터 공개, 딥페이크 표시 의무 등 규제를 명문화함으로써 경쟁 환경의 공정성과 신뢰성 확보를 도모하고 있다. 특히 이 법은 경쟁당국이 AI 서비스의 시장 지배력 또는 합병의 영향력을 판단할 수 있도록 자료 접근권 및 감시 권한을 강화하였다.

영국

영국은 DMCC 법안(Digital Markets, Competition and Consumers Bill)을 통해 전략적 시장 지위를 가진 기업에 대해 사전 행위 규제 및 거래 보고 의무를 부과할 계획이며, 경쟁시장청(CMA)은 2023년 AI 기반 서비스 및 클라우드 시장의 경쟁 구조에 대한 기초 검토에 착수하였다. CMA는 AI 기술이 기존의 플랫폼 독점 구조를 고착화할 위험을 경고하며, 특히 공동 알고리즘 사용이나 가격 예측 모델을 통해 담합적 결과가 나타날 수 있음을 시사하였다.

일본

일본은 2020년 시행된 디지털 플랫폼 거래의 투명화법을 통해 주요 플랫폼 사업자에게 알고리즘 운영 방식의 사전 설명과 변경 통지 의무를 부과하였으며, 2023년에는 AI 및 데이터 시장에 대한 경쟁 환경 분석을 위한 특별 팀을 구성하여 감시 역량을 강화하고 있다.

우리나라

우리나라 공정거래위원회는 2023년 카카오모빌리티가 택시 호출 시장에서 수집한 위치 정보 데이터를 경쟁 플랫폼과 공유하지 않은 관행이 시장에서의 경쟁을 제한할 우려가 있다는 점을 지적하였다(공정거래위원회 전원회의 의결 제2023-093호 2023.6.13). 이 사건을 계기로 공정위는 플랫폼 기업의 알고리즘 설계 방식과 데이터 활용 구조의 투명성 확보를 디지털 시장 규율의 핵심 과제로 설정하였다. 특히 2024년부터는 AI 기반 가격 결정 알고리즘이 담합을 유도하거나 가격을 동조화할 가능성에 주목하여 AI 알고리즘 관련 경쟁법 리스크 실태조사를 착수하고 있으며, 향후 AI 관련 가이드라인 제정과 예방적 규율 체계 구축을 추진하고 있다. 이를 통해 공정위는 기술 발전에 따른 새로운 경쟁 제한 요소에 대응하고, 시장 신뢰성을 높이기 위한 제도적 기반을 마련하고자 한다.

AI 시대 경쟁법의 재설계 방향

AI 시대 경쟁법은 진화하지 않으면 안 된다. 그 방향은 다음과 같다. 첫째, 기술 중립적 기준을 넘어선 AI 특화 규범의 도입이 필요하다. 알고리즘 기반 담합은 기존과 같은 '합의' 중심 입증 방식보다는, 의도보다 결과에 기반한 규율 방식으로 전환되어야 한다. 이를 위해 블랙박스화된 알고리즘에 대한 사전 등록제 또는 모니터링 제도를 도입하고, 독립적인 감사 및 추적 가능성을 확보할 수 있는 기술적·제도적 장치가 병행되어야 한다.

둘째, 데이터 기반 시장력의 평가 체계를 구축해야 한다. 전통적인 매출액, 시장 점유율 지표 외에도 기업이 보유한 데이터의 양, 범위, 질, 그리고 데이터를 기반으로 한 전환 장벽(switching cost 등)과 네트워크 효과 등의 지표를 종합적으로 고려하는 복합적 경쟁력 평가 모델이 요구된다. 이를 위해 경쟁당국의 데이터 분석 역량 제고와 관련 제도의 정비가 필요하다.

셋째, 플랫폼 중립성과 상호 운용성 확보를 위한 행위 규제 강화가 필요하다. 특정 플랫폼의 알고리즘이 자사 서비스에 유리하게 작동하거나 외부 서비스 또는 경쟁 사업자의 접근을 제한하는 경우, 이는 소비자 선택권 제한 및 시장 진입 장벽을 야기하므로 행위 기반의 명확한 규제 도입이 정당화될 수 있다. 이를 위해 DMA와 같은 사전적 행위 규제 프레임워크의 확대가 필요하다.

넷째, 생성형 AI의 오용에 따른 시장 왜곡 방지를 위한 책임 규범이 필요하다. 딥페이크, 자동 생성 리뷰, 허위 광고 등 AI 생성물이 소비자를 오도하거나 시장 정보를 왜곡하는 경우, 공급자에게 일정한 책임을 부과할 수 있어야 하며 그 기준과 절차가 법제화되어야 한다. 이를 통해 생성형 AI 시장의 건전성과 신뢰성을 확보할 수 있을 것이다.

AI 기술의 확산과 함께 경쟁법은 근본적인 패러다임 전환을 요구받고 있다. 기술 발전의 속도를 고려할 때, 제도의 정비는 늦출 수 없는 과제가 되었으며, 경쟁당국은 법적 틀의 재설계와 함께 기술적 역량 및 국제적 공조 체계를 강화해 나가야 할 것이다.

국제 협력과 규범 통합의 필요성

AI와 플랫폼 중심 시장은 그 본질상 국경을 초월하는 디지털 생태계로 특정 국가의 규제만으로는 효과적인 시장 통제가 어렵다. 이에 따라 글로벌 경쟁법 차원의 조화와 협력이 점점 더 중요해지고 있다. OECD는 2017년 "Algorithms and Collusion" 보고서에서 알고리즘 담합의 가능성을 처음으로 경고하고, 이후 G7, G20, AI에 관한 글로벌 파트너십 등을 통해 AI의 투명성, 공정성, 책임성 확보를 위한 공통 원칙을 수립해 왔다.

이러한 국제 규범은 각국 경쟁당국의 해석 기준으로 기능할 가능성이 높으며, 특히 학습 데이터의 출처 공개, 알고리즘의 감시 체계, 데이터 이동성 보장 등은 글로벌 기술 기업에 대한 규제 회피를 방지하고, 기술 기반 경쟁의 공정성을 확보하는 데 핵심적인 역할을 할 것이다. 나아가 국경 간 AI 거래 및 데이터 이동에 따른 법적 불확실성을 줄이고, 다자간 경쟁 정책의 일관성과 예측 가능성을 제고하는 데에도 기여할 수 있다.

궁극적으로 AI 시대의 경쟁법은 국내 규율을 넘어 국

제적 연계 속에서 효과적인 집행 체계를 마련해야 하며, 이를 위해 각국은 정보 공유, 법 집행 공조, 공동 조사 체계 구축 등의 다자 협력 플랫폼을 강화해야 할 것이다.

참고문헌

공정거래위원회(2024). "생성형 AI와 경쟁". 공정거래위원회.

손영화(2016). "인공지능(AI) 시대의 법적 과제". 《법과정책연구》, 16(4), 305~329쪽.

손영화(2020). "EU의 디지털플랫폼규칙에 관한 소고". 《법학연구》, 25(2), 365~390쪽.

손영화(2020). "디지털 이코노미 시대의 경쟁정책의 과제 - 디지털 플랫폼을 중심으로". 《경제법연구》, 19(2), 169~196쪽.

손영화(2021). "미국 빅테크 기업에 대한 최근 규제 동향 - 클라우드컴퓨팅에 대한 반트러스트법 쟁점을 중심으로 -". 《경제법연구》, 20(2), 235~277쪽.

손영화(2022). "EU AI 규칙안상의 허용할 수 없는 위험의 AI 시스템에 대한 고찰". 《법학연구》, 42(1), 275~315쪽.

손영화(2023), "생성형 AI에 의한 창작물과 저작권". 《법과 정책연구》, 23(3), 357~389쪽.

손영화(2024). "EU AI Act의 입법배경과 도입철학에 대한 검토". 《IP & Data 法》, 4(2), 111~149쪽.

손영화(2024). "데이터의 집중과 경쟁법". 《일감법학》, 59, 181~222쪽.

손영화·손수진(2019). "EU 일반데이터보호규정(GDPR)에 대한 우리나라 기업의 대응방안". 《비교사법》, 26(1), 413~452쪽.

한기정(2024.10.2). "(주)카카오모빌리티의 시장지배적지위남용행위 제재". 《대한민국 정책브리핑》,

https://www.korea.kr/briefing/policyBriefingView.do?newsId=156653307

Federal Trade Commission(2024.1.25). "FTC Launches Inquiry into Generative AI Investments and Partnerships". https://www.ftc.gov/news-events/news/press-releases/2024/01/ftc-launches-inquiry-generative-ai-investments-partnerships

Lomas, N.(2024.4.11). "UK's antitrust enforcer sounds the alarm over Big Tech's grip on GenAI". https://techcrunch.com/2024/04/11/cma-genai-gamma-warning/

10
AI, 데이터, 경쟁법의 조화로운 발전

AI 기술과 디지털 플랫폼의 비약적인 발전은 전통적 경쟁법 체계에 도전장을 내밀고 있다. AI는 그 속성상 비가시적 알고리즘, 대규모 데이터의 독점, 자율적 학습 구조 등을 통해 경쟁 제한의 새로운 양상을 만들어 내고 있으며, 기존 법리는 이러한 변화에 즉각 대응하지 못하는 한계를 노출하고 있다. 이에 따라 국내외 경쟁당국은 기술 혁신의 혜택을 유지하면서도 시장의 공정성과 역동성을 확보할 수 있는 균형적 규범 설계를 모색하고 있다.

AI와 미래 의사?

AI의 본질과 경쟁법의 목표 간 긴장

경쟁법은 원칙적으로 소비자 복지 증진과 시장의 공정한 경쟁 유지라는 목적을 지닌다. 반면, AI 기술은 효율성과 예측 가능성 향상을 통한 비용 절감을 가져오지만 그 과정에서 시장 집중과 정보 비대칭 심화를 초래할 수 있다. AI 개발에는 고품질 데이터, 고성능 연산 자원, 인공지능 엔지니어링 능력이라는 'AI 투입 요소'가 필수이며, 이들 자원을 독점하는 대기업은 AI 생태계의 진입 장벽을 강화하고 후발 주자의 진입을 실질적으로 제한할 수 있다.

예컨대, 대규모 데이터 축적은 정교한 알고리즘 훈련을 가능케 하여 기술 경쟁력을 배가시키는 장점이 있다. 그러나 동시에 타 기업의 데이터 접근을 제한하거나 배타적 이용 계약을 체결함으로써 데이터 기반의 배제 전략을 유발하는 단점도 있다. 이러한 구조는 기존의 '시장 점유율' 중심 평가 체계만으로는 파악되기 어렵고, 데이터 접근성과 이용 범위라는 새로운 시장 지배력 판단 기준의 도입을 요구한다.

데이터 규범과 경쟁법의 통합적 접근 필요성

데이터는 AI 개발의 핵심 자산이며, 그 수집과 이용 방식은 개인정보보호법, 저작권법, 경쟁법의 중첩 영역에 놓인다. 예컨대, EU 사법 재판소는 데이터 처리 과정에서의 개인정보보호법 위반이 지배적 사업자의 시장 지배력 남용으로 평가될 수 있다고 판시한 바 있다. 이는 데이터 관련 규범이 경쟁법상 남용 판단의 일환으로 통합될 수 있음을 보여 준다.

또한 EU는 데이터법을 통해 클라우드 서비스 제공자의 데이터 이동 방해(e.g., 이그레스 요금) 관행을 규율하고, 데이터 접근과 이동성을 경쟁 정책의 일환으로 통합하려 하고 있다. 이는 경쟁법과 데이터 규범의 조화 가능성을 제도적으로 모색하는 대표 사례다. 이러한 통합적 접근은 AI 시장에서의 플랫폼 종속성과 생태계 고착 문제를 방지하고 기술 혁신을 촉진하는 데 기여할 수 있다.

생성형 AI의 부작용과 경쟁 왜곡 리스크

생성형 AI는 창의적 콘텐츠 생산에 기여하는 동시에 시장 왜곡을 유발할 수 있는 위험성을 내포하고 있다. 자동 생성 리뷰, 딥페이크, 허위 광고 콘텐츠 등은 소비자 오도와 정보 왜곡을 통해 플랫폼 내 경쟁을 실질적으로 제한할 수 있다. 경쟁법적으로도 이는 부당한 소비자 유인 및 시장 조작 행위로 평가될 수 있으며, 이에 대한 책임 주체의 규명과 사후 제재의 제도화가 시급하다.

AI 시스템이 자율적으로 담합 수준의 가격을 형성하거나 경쟁 업체 간 암묵적 신호를 주고받는 경우, 전통적인 담합 개념으로 포섭하기 어렵지만 실질적으로는 반경쟁적 효과를 초래할 수 있다. '알고리즘 담합' 문제에 있어서는 독립적 AI 시스템 간 결과 유사성과 협조 행위 여부의 입증이 매우 어려우며, 이는 집행 공백을 발생시킨다. 따라서 규제 당국은 고의 중심의 입증에서 효과 중심 접근으로의 전환을 검토할 필요가 있다.

국제적 조화와 정책 협력의 방향

AI와 데이터는 국경을 초월하는 기술이므로 경쟁 정책도 국제적 협력을 기반으로 설계될 필요가 있다. EU는 DMA, AI 법, Data 법을 중심으로 기술 기반 규율 체계를 선도하고 있으며, 미국 FTC, 경쟁시장국, 일본 공정거래위원회 역시 AI 관련 반경쟁 행위에 대한 가이드라인과 사전 감시 체제를 구축하고 있다.

AI 기술의 비약적인 발전은 경쟁법에 있어 전통적인 규율 방식을 넘어서 보다 정교하고 기술에 특화된 대응을 요구하고 있다. 첫째, 알고리즘 담합 문제에 대해서는 기존의 '합의 중심' 규율에서 벗어나 실질적 효과를 기준으로 한 규제 체계로의 전환이 필요하다. 알고리즘 기반 의사 결정은 명시적 의사 표시 없이도 경쟁 결과를 조율할 수 있으므로 사전적 감시 체계와 함께 블랙박스 알고리즘에 대한 등록제, 외부 감사 장치, 작동 이력 추적 등의 기술적 · 제도적 장치를 구축할 필요가 있다.

둘째, AI 기반 시장 지배력 평가 방식의 전환이 요구된다. 기존의 시장 점유율이나 매출액 중심의 지표로는 데이터 중심 경제의 권력 집중을 적절히 측정할 수 없다. 따라서 데이터 보유량과 범위, 전환 비용, 플랫폼상의 사용자 의존도, 알고리즘의 폐쇄성 등 비정형적 지표를 반영한 복합적 경쟁력 평가 기준이 마련되어야 하며, 이를 위한 경쟁당국의 기술적 역량 강화가 병행되어야 한다.

셋째, 플랫폼 중립성과 상호 운용성 보장을 위한 규제 도입이 시급하다. 특정 플랫폼이 알고리즘을 통해 자사 서비스를 우선적으로 추천하거나 경쟁사의 접근을 기술적으로 제한하는 경우, 소비자의 선택권을 침해하고 시장 진입 장벽을 높이는 결과를 초래할 수 있다. 이에 따라 사전 행위 규제의 강화, 알고리즘 구조에 대한 투명성 확보 의무 부과 등이 정당화될 수 있다.

넷째, 생성형 AI의 확산에 따른 정보 왜곡 문제에 대응하기 위해서는 AI 생성물에 대한 명확한 책임 규범이 필요하다. 딥페이크, 자동 생성 리뷰, 허위 광고 등 소비자 기만적 콘텐츠가 시장 신뢰를 저해하는 것을 방지하기 위해 AI 생성물의 출처 표시 의무, 데이터 학습 과정의 적법성 확보, 공급자의 책임 귀속에 대한 법적 장치가 마련되어야 한다.

이러한 국내 규제 체계의 재설계와 더불어 국제 사회와의 협력 역시 중요한 과제로 대두되고 있다. OECD, G7, G20 등은 알고리즘 담합 방지, 공정한 데이터 접근, AI 투명성 확보 등을 주제로 국제 지침을 마련하고 있으며, 이들 기준은 향후 각국 경쟁당국의 법 해석과 정책 설계에 실질적 영향을 미칠 가능성이 높다. 특히 생성형 AI의 책임성과 신뢰성을 확보하기 위한 글로벌 표준화(예를 들어, 학습 데이터의 출처 공개, 알고리즘 감시 체계 구축, 딥페이크 식별 의무 등)는 다국적 기업의 규제 회피를 차단하고, 국경을 초월한 기술 기반 시장의 공정성을 확보하는 데 핵심적인 역할을 할 수 있다.

경쟁법의 집행에 있어서 개별 국가의 단독 대응만으로는 AI 시대의 복잡한 시장 현실을 충분히 규율하기 어렵다. 따라서 국제적 공조와 규범 통합을 통해 기술 혁신과 공정 경쟁의 균형을 이루어야 할 것이다.

공정 경쟁과 혁신 촉진을 위한 조화적 모델

AI와 데이터 중심의 디지털 경제는 혁신성과 효율성 증대를 가능케 하지만 동시에 시장의 독점화와 정보 불균형이라는 부작용을 초래할 수 있다. 이러한 시대적 전환점에서 경쟁법은 기존의 제도적 틀을 넘어, 기술과 정책이 조화롭게 융합된 새로운 거버넌스 체계로 진화할 필요가 있다. 단지 위반 행위를 처벌하는 수단을 넘어서 공정한 경쟁 환경을 선제적으로 설계하고, 혁신이 지속될 수 있는 기반을 마련하는 방향으로 재설계되어야 한다. 궁극적으로 경쟁법과 AI 기술, 데이터 규범은 상호 배타적인 것이 아니라 조화적 발전이 가능한 영역이다. 기술혁신을 억제하지 않으면서도 시장에서의 공정성과 소비자 이익을 보호하기 위해 다음과 같은 조치가 필요해 보인다. 첫째, AI 및 데이터 관련 규범을 경쟁법 해석과 집행에 적극 반영하고, 교차 영역(인터페이스)에서의 법적 명확성을 제고할 필요가 있다.

둘째, 알고리즘 및 데이터 기반 경쟁력 평가 지표를 제도화하고, 공정위 내부에 기술·법 융합 전문팀을 지속적으로 확충할 필요가 있다.

셋째, 국제 공동 조사 체계와 데이터 규범 조화 프레임워크를 통해 글로벌 디지털 시장의 일관된 규율을 유도하는 것이 필요하다.

궁극적으로 경쟁법의 집행에 있어서 기술 혁신을 억제하지 않으면서도 공정성과 투명성을 보장할 수 있는 균형의 원칙을 구현해야 할 것이다. 경쟁법은 AI 시대의 '조화로운 경쟁 질서'를 정립하는 데 중심축이 되어야 할 것이다. AI 시대의 경쟁법은 단순한 경쟁법적 문제를 넘어서 기술, 정보, 법치, 글로벌 거버넌스가 결합된 총체적 대응이 요구된다. 조화로운 법제의 설계와 집행을 통해 기술 발전과 공정한 시장 질서가 동반 성장하는 지속가능한 AI 생태계를 구축해 나가야 할 것이다.

참고문헌

손영화(2016). "인공지능(AI) 시대의 법적 과제". 《법과정책연구》, 16(4), 305~329쪽.

손영화(2020). "디지털 이코노미 시대의 경쟁정책의 과제 - 디지털 플랫폼을 중심으로". 《경제법연구》, 19(2), 169~196쪽.

손영화(2024). "데이터의 집중과 경쟁법". 《일감법학》, 59, 181~222쪽.

손영화(2023). "생성형 AI에 의한 창작물과 저작권". 《법과 정책연구》, 23(3), 357~389쪽.

손영화(2022). "EU AI 규칙안상의 허용할 수 없는 위험의 AI 시스템에 대한 고찰". 《법학연구》, 42(1), 275~315쪽.

손영화(2024). "EU AI Act의 입법배경과 도입철학에 대한 검토". 《IP & Data 法》, 4(2), 111~149쪽.

손영화·손수진(2019). “EU 일반데이터보호규정(GDPR)에 대한 우리나라 기업의 대응방안”. 《비교사법》, 26(1), 413~452쪽.

Diarmuid, R. et. al.(2024.4.29). “Artificial Intelligence (AI) and Competition Law: Balancing Innovation and Regulation”. Squire Patton Boggs.
https://www.squirepattonboggs.com/-/media/files/insights/publications/2024/06/artificial-intelligence-ai-and-competition-law-balancing-innovation-and-regulation/artificial-intelligence-and-antitrust-issues-discussion-paper.pdf?utm_source=spb-mkt-email&utm_medium=email

May Lyn Yuen(2023.9.31). “AI and Competition Law”. Hogan Lovells.
https://www.hoganlovells.com/en/publications/ai-and-competition-law

손영화

인하대학교 법학전문대학원 원장이다. 한양대학교에서 이철송 선생님의 지도하에 법학박사학위를 받았다. 한양대학교 법학연구소에서 연구원 생활을 역임했다(1993~2000). 일본 동경대학교 비교법연구소에서 江頭憲治郎 교수님의 지도하에 객원연구원 생활을 했다(2000~2001). 이후 명지대학교 금융지식연구소의 연구교수(2001~2004), 경주대학교 법학과 조교수(2004~2008). 선문대학교 법과대학 부교수(2008~2012)를 역임하고, 현재 인하대학교 법학전문대학원 교수로 있다(2008~현재). 인디애나대학교 마우로로스쿨을 비지팅 스칼라로 다녀왔다(2020~2021). 한국국제문화교류학회와 한양법학회의 회장을 역임했다(2023~2024). 현재는 한국기업법학회의 회장을 맡고 있다. 주요 저서로 《창업과 법》(2017), 《주식회사 창업》(2022), 《데이터법의 신지평》(2023)(공저), 《인공지능법 총론》(2023)(공저) 《인공지능법 2》(2025)(공저) 등이 있다. "데이터의 집중과 경쟁법"(2024), "벤처기업 육성 특별법상의 복수의결권제도에 관한 연구"(2024), "인간대상연구에서 서면동의 면제에 관한 고찰"(2024) 등 150편 이상의 논문을 KCI 등 등재 학술지에 게재했다.